AF310001

8° F 3899

Conserver la couverture

Hommage de l'auteur

LA

LOI PÉRÉGRINE

A ROME

PAR

ÉMILE CHÉNON

PROFESSEUR AGRÉGÉ A LA FACULTÉ DE DROIT DE RENNES,
ANCIEN ÉLÈVE DE L'ÉCOLE POLYTECHNIQUE

———

(Extrait du *Bulletin du Comité des Travaux historiques et scientifiques*,
Section des Sciences économiques et sociales, année 1890)

———

PARIS

ERNEST LEROUX, ÉDITEUR

28, RUE BONAPARTE, 28

—

1891

Pièce
8° F 3899

LA

LOI PÉRÉGRINE A ROME

I

1. Le développement considérable qu'a pris dans ces derniers temps l'étude du droit international privé, a ramené l'attention des jurisconsultes historiens sur la question de savoir comment les conflits de législations ou de coutumes avaient été tranchés en *fait* dans les siècles passés.

Pour les temps modernes et le moyen âge féodal, le problème est maintenant résolu; et dans un récent ouvrage, le savant professeur de droit international privé de la Faculté de droit de Paris, M. Laîné, a pu exposer dans tous ses détails la célèbre théorie, dite *des statuts*, que les jurisconsultes français et italiens avaient lentement élaborée, et que la jurisprudence des divers États de l'Europe occidentale avait fini par adopter [1].

Pour la période franke, les travaux de Savigny ont abouti à cette conclusion qu'en présence de la personnalité absolue des lois germaniques, il ne pouvait y avoir entre elles, au sens technique du mot, un véritable *conflit* [2]. Pour qu'il y ait conflit en effet, il faut qu'on recon-

---

(1) Armand Laîné, *Introd. au droit internat. privé*, Paris, Pichon, in-8, tome I (1888), p. 75-425.

(2) De Savigny, *Hist. du droit romain au moyen âge*, trad. Guenoux, in-8, Paris, Hingray, 1839, t. I, p. 89 et suiv. — Cf. F. Laurent, *Le droit civil international*, Bruxelles et Paris, in-8, t. I (1880), n°s 168-172; — Ginoulhiac,

naisse à la loi une double souveraineté : personnelle et territoriale ; et
le conflit existe lorsqu'on se demande, dans un cas donné, s'il faut
appliquer la loi territoriale, ou la loi personnelle des parties en cause. Or,
chez les Germains, la loi n'ayant pas de souveraineté territoriale la
question ne pouvait se présenter; et par suite, le problème fondamental
que la science du droit international privé doit résoudre, ne se posait
pas[1].

2. En était-il de même à *Rome*? M. Laîné l'ignore[2] ; mais M. Laurent
l'affirme à diverses reprises, et M. Weiss l'admet[3]. Seulement, entre
ces deux derniers auteurs, l'accord est purement apparent; car leur
opinion se fonde, on le verra, sur des motifs diamétralement opposés.
C'est en grande partie cette divergence de vues, qui nous a déterminé à
reprendre à nouveau l'étude de la question, et à rechercher si dans
l'Empire romain, il pouvait y avoir des conflits de législations; et si
oui, comment ils étaient tranchés en fait, et spécialement dans quelle
mesure les lois pérégrines étaient appliquées à Rome. — Pour simplifier
le problème et limiter le champ de nos recherches, nous négligerons les
temps primitifs du droit romain[4], et nous nous placerons uniquement
dans la période *classique*, et de plus, antérieurement au règne de
Caracalla, afin d'éviter toute discussion sur la constitution célèbre par
laquelle ce prince concéda à tous les habitants de l'Empire la qualité de
citoyen romain[5].

Cours élém. d'hist. générale du droit français, 2ᵉ éd., Paris, Rousseau, 1890,
n° 78 ; — André Weiss, *Traité élém. de droit internat. privé*, 2ᵉ éd., Paris,
Larose et Forcel, 1890, in-8, p. 265 et suiv.; — etc...

(1) Léon Duguit, *Des conflits de législ. relat. à la forme des actes civils*,
Bordeaux, Durand, 1882, in-8, p. 18 : « Sous un semblable régime, des conflits de législations, dans le sens que l'on donne aujourd'hui à ce mot, ne
pouvaient se soulever.... » ; — André Weiss, *ibid.*, p. 265 : « Pour les Barbares......., la loi était rigoureusement personnelle et n'était que personnelle ;
dès lors, aucun conflit n'était possible entre sa souveraineté sur les personnes
et une souveraineté territoriale qu'on lui déniait ; il n'y avait donc aucune
place dans ce système pour le droit international privé. » — M. Laîné, *ibid.*,
p. 56 et suiv., a mis en relief les différences importantes qui existent entre
le système des lois personnelles à l'époque franke et la théorie moderne du
statut personnel : « L'identité des mots, dit-il, a fait croire à l'identité des
choses. »

(2) A. Laîné, *op. cit.*, p. 55.

(3) F. Laurent, *op. cit.*, n°ˢ 81, 92, 102, 104, 105 ; — Weiss, *ibid.*, p. 264-265.

(4) Sur ces temps primitifs, on pourra consulter : Voigt, *Das « jus naturale,
bonum et æquum », und « jus gentium » der Römer*, in-8, 1856-1875, t. II, p. 60
et suiv. ; — et Charles de Boeck, *Le préteur pérégrin* (thèse), Paris, Pedone-
Lauriel, in-8, 1882, p. 163 et suiv.

(5) Cf. sur ce point : Ulpien, au Dig., I, 5, loi 17 : « In orbe romano qui
sunt ex constitutione imperatoris Antonini cives romani effecti sunt » ; — et

Nous laisserons en outre complètement de côté les peuples barbares, les pérégrins déditices, et les pérégrins n'appartenant à aucune cité. Pour les uns et les autres, en effet, il ne pouvait y avoir de conflits de législations. Les Barbares étaient en principe dénués de tout droit aux yeux du peuple romain ; pour lui, ils étaient véritablement, comme l'a dit M. Ortolan, « hors des limites de la civilisation et de la géographie», et cela, même en l'absence de toute guerre, même *in pace*[1]. Les pérégrins déditices, s'étant rendus à discrétion[2], ne possédaient en fait de droits que ceux que Rome voulait bien leur reconnaître[3]; ils étaient *in arbitratu, ditione, potestate populi romani*[4], et n'appartenaient à aucune *certa civitas*[5]. Aussi, comme les *peregrini sine civitate* proprement dits, les ἀπόλιδες, selon l'expression de Marcien[6], ils ne pouvaient se prévaloir d'aucun droit national[7].

II

3. Mais pour les autres catégories de pérégrins, appartenant à une *certa civitas*, soit *fœderata*, soit simplement *libera*, la question est toute différente. Il était entré en effet dans la politique des Romains de laisser leur autonomie, non seulement aux quelques peuples qui contractaient alliance avec eux sur un pied d'égalité (*fœdus æquum*), mais encore à ceux qui reconnaissaient volontairement leur suprématie (*qui majestatem populi romani comiter conservabant*), ou à ceux qu'ils désiraient s'attacher par la douceur après les avoir soumis par la force. Ces derniers peuples étaient appelés simplement *liberi*; les autres, libres *à for-*

Dion Cassius, LXXVII, 9 : « ... cujus rei causà, etiam omnibus qui in orbe romano erant civitatem dedit (Caracalla), specie quidem ipsa eis honorem tribuens, sed re verà ut fiscum suum augeret, quippe quum peregrini pleraque horum vectigalium non penderent. » — Nous croyons d'ailleurs que la constitution de Caracalla n'a pas eu d'influence théorique sur la question qui doit nous occuper.

(1) Pomponius, au Dig., XLIX, loi 5 -2° : « *In pace* quoque postliminium datum est ; nam si cum gente aliquà neque amicitiam, neque hospitium, neque fœdus amicitiæ causà factum habemus, etc... »

(2) Gaïus, I, 14 : « Vocantur autem [peregrini] dedititii qui quondam adversus populum romanum armis susceptis pugnaverunt, et deinde victi se dediderunt. »

(3) Cf. van Wetter, *De la condition civile des étrangers d'après le droit romain*, n° 18 [annexe au tome I de l'ouvrage précité de M. F. Laurent].

(4) *Lex repetundarum*, cap. 11, d'après Giraud, *Enchiridion juris romani*, in-12, Paris, Cotillon, 1873, p. 597.

(5) Ulpien, *Regulæ*, XX, 14-15 : « .... nullius certæ civitatis civis. . »

(6) Marcien, au Dig., XLVIII, 19, loi 17 -1°.

(7) C'est ce qui résulte clairement du passage précité d'Ulpien. — Sur les différentes catégories d'ἀπόλιδες, cf. Voigt, *op. cit.*, t. II, p. 291 et suiv. ; — de Boeck, *op. cit.*, p. 129 et suiv.

tiori, étaient qualifiés de *fœderati*[1]. Mais les uns et les autres étaient par rapport aux Romains des *externi*[2], c'est-à-dire, *à peu de chose près*, de véritables étrangers, au sens moderne du mot[3]. Entre ces peuples *externi*, il y avait ceci de commun qu'ils conservaient dans leurs cités la jouissance de leurs propres lois, leur αὐτονομία : *suis legibus utebantur*, suivant l'expression romaine[4]. Parfois même des cités, sans être *liberæ*, conservaient leur droit privé, en vertu d'une concession formelle faite par la *lex provinciæ*. Bref, beaucoup de cités jouissaient dans l'*orbis romanus* de l'autonomie.

Telle était notamment la situation très favorable où furent placés en 196 av. J.-C., en vertu d'un sénatus-consulte promulgué après la guerre de Macédoine : les Corinthiens, les Phocéens, les Locriens, les Eubéens, les Magnètes, les Thessaliens, les Perrhébiens, et les Achéens de la Phthiotide[5]. Les Chalcidiens dès la même époque[6], les Macédoniens un peu plus tard[7], Byzance, Mytilène, Smyrne, Dyrrachium, Patræ, etc...[8], Thermæ et la plupart des villes de Sicile[9] au temps de Cicéron, les habitants d'Amisus sous Trajan[10], et bien d'autres cités encore jouissaient également de lois propres, soit anciennes, soit conférées par le général romain qui avait obtenu leur soumission[11]. Dans les Gaules, on peut signaler parmi les *civitates fœderatæ*, celles des *Carnuti*, des *Ædui*, des *Remi*, des *Lingones*, des *Vocontii*, et parmi les *civitates* simplement *liberæ*, celles des *Santones*, des *Turones*, des *Bituriges Cubi* et *Vivisci*,

---

(1) Cicéron, *Pro Balbo*, XVI, 35 : « Adjunctum illud etiam est quod non in omnibus fœderibus : majestatem populi romani comiter conservato » ; — Proculus, au Dig., XLIX, 15, loi 7-1° : « *Liber* autem populus est is, qui nullius alterius populi potestati est subjectus, sive is fœderatus est ; item sive *æquo fœdere* in amicitiam venit, sive fœdere comprehensum est, ut is populus alterius populi majestatem comiter conservaret ; etc.... »

(2) Proculus, *ibid.*, pr. : « Non dubito quin fœderati et liberi nobis *externi* sint. »

(3) Cf. toutefois F. Laurent, *ibid.*, n° 85 ; — et de Boeck, *op. cit.*, p. 166.

(4) Cicéron, *Ad Atticum*, VI, i, 15 ; VI, ii, 4 : « .... omnes (civitates), suis legibus et judiciis usæ, αὐτονομίαν adeptæ, revixerunt » ; *In Verrem* II, lib. II, cap. xiii, etc.... ; — Tite-Live, XXXV, 46 ; XXXVIII, 39 ; XLV, 29 ; — Pline le Jeune, *Epistolæ*, X, 93 ; — etc.

(5) Tite-Live, XXXIII, 32.

(6) Tite-Live, XXXV, 46.

(7) Tite-Live, XLV, 29.

(8) Cicéron, *passim*.

(9) Cicéron, *In Verrem* II, lib. II, cap. xxxvii, xlix et seq.

(10) Pline le Jeune, *ibid.* : « Amisenorum civitas et libera et fœderata.. suis legibus utitur. »

(11) Pour plus de détails, cf. Marquardt, *Organisat. de l'emp. romain*, trad. Weiss et Louis-Lucas, Paris, Thorin, in-8, t. 1 (1889), p. 97-115.

des *Arverni*, des *Viducassii*, etc [1]. Il faut naturellement joindre à cette liste les cités, assez nombreuses, qui étaient douées du *jus latii* [2], et qui formaient, parmi les cités pérégrines, une catégorie privilégiée [3]. Il faut en excepter au contraire les colonies *romaines* auxquelles s'appliquait le droit romain.

4. Il résulte de là, qu'en fait, il y avait application simultanée dans l'*orbis romanus* du droit romain à Rome et dans les colonies romaines, et de divers droits pérégrins dans les cités pérégrines. Or entre le droit romain et ces divers droits pérégrins, il y avait de nombreuses et importantes divergences. Quelques-unes nous sont connues. — Ainsi, les villes italiennes suivaient en matière de *mariage* des règles spéciales qui furent abandonnées lorsqu'elles reçurent le droit de cité romaine [4]. De même l'*autorité paternelle* n'était presque nulle part organisée comme l'était à Rome la *patria potestas*; Gaïus ne cite que les Galates comme pratiquant de son temps une *potestas* analogue [5]. Dans certaines cités, la tutelle des impubères ne pouvait être déférée par testament [6]. Quant à la tutelle des femmes, elle était généralement inconnue; tout au plus trouvait-on dans les cités pérégrines une quasi-tutelle : par exemple, la loi des Bithyniens obligeait la femme qui voulait contracter à obtenir l'*auctoritas* de son mari ou de son fils pubère [7]. — A l'égard de la *propriété*, la distinction romaine du *dominium* quiritaire et de l'*in bonis* n'avait pas été adoptée par les pérégrins, qui ne reconnaissaient qu'une

---

(1) Pour les détails et les sources, cf. Klipffel, *Étude sur le rég. municipal gallo-romain*, dans la *Nouvelle Revue histor. de droit français et étranger*, année 1879, p. 283 et suiv.

(2) Cf. Cicéron, *Pro Balbo*, XXIV, 54 : « .... latinis, id est fœderatis.... » ; — Gaïus, I, 79 : « .... sed ad alios Latinos pertinet, qui proprios populos, *propriasque civitates* habebant, et erant peregrinorum numero » ; — etc.

(3) Sur celles de la Gaule, cf. Klipffel, *ibid.*, année 1878, p. 570 et suiv.

(4) Aulu-Gelle, *Nuits attiques*, IV, 4 : « *Sponsalia* in ea parte Italiæ, quæ Latium appellatur, hoc more atque jure solita fieri, scripsit Servius Sulpitius..... Hoc jus sponsaliorum observatum dicit Servius ad id tempus, quo civitas universo Latio lege Juliâ data est. »

(5) Gaïus, I, 55 : « Fere enim nulli alii sunt homines, qui talem in filios suos habent potestatem, qualem nos habemus; ..... nec me præ[terit] Galatarum gentem credere, in potestate parentum liberos esse. » *Adde ibid.*, 189, *in fine.*

(6) Gaïus, I, 189, dit qu'il n'y avait presque pas de ville (*ferè ulla civitas*), où la tutelle des impubères ne pût être déférée par testament; mais encore y avait-il quelques villes faisant exception.

(7) Gaïus, I, 193 : « Apud peregrinos non similiter, ut apud nos, in tutela sunt feminæ ; sed tamen plerumque quasi in tutelâ sunt : ut ecce lex Bithynorum, si quid mulier [contrah]at, maritum auctorem esse jubet, aut filium ejus puberem. »

seule forme de propriété, *unum dominium*[1]. Les règles des *testaments* variaient suivant les lieux[2].

Certains droits, en outre, étaient admis dans les cités pérégrines, et ne l'étaient pas à Rome. Les cités grecques, par exemple, avaient pratiqué longtemps avant Rome l'emphytéose et l'hypothèque[3]. A l'époque de Gaïus, les *syngraphæ* et les *chirographa* constituaient encore un « genre d'obligation » propre aux pérégrins[4]. On peut en dire autant du serment[5]. A l'époque de Trajan plusieurs villes de la Bithynie et du Pont possédaient sur les biens de leurs débiteurs des privilèges particuliers réglés par leurs lois[6]; et les habitants de Nicée prétendaient recueillir, par une sorte de droit de déshérence concédé par Auguste, la succession de leurs concitoyens morts intestats[7].

Toutes ces lois pérégrines s'appliquaient sans contestation aux pérégrins dans leurs cités respectives : c'est là un premier point certain[8].

III

5. Mais suivons maintenant les pérégrins à Rome. Par quel droit y seront régis leur état et leur capacité, le patrimoine qu'ils peuvent posséder, les contrats qu'ils peuvent faire, les successions qu'ils peuvent laisser? C'est ici qu'apparaît la célèbre distinction romaine du *jus civile* et du *jus gentium*. Cette distinction consistait en ceci, que parmi les droits sanctionnés par la législation romaine, un certain nombre étaient l'apanage exclusif des citoyens romains; et, sauf concession

(1) Gaïus, II, 40 : « Sequitur, ut admoneamus, apud peregrinos quidem unum esse dominium; etc... »

(2) Ulpien, *Regulæ*, XX, 15 : « quasi peregrinus,.... ut [secun]dum leges civitatis suæ testetur. »

(3). L'hypothèque était en usage en Asie Mineure du temps de Cicéron ; cf. Cicéron, *Epist. ad famil.*, XIII, 56 : « Prætereà Philocles Alabandensis ὑποθήκας Cluvio dedit. »

(4) Gaïus, III, 134 : « Prætereà litterarum obligatio fieri videtur chirographis et syngraphis; ..... quod genus obligationis proprium peregrinorum est. »

(5) Gaïus, III, 96. — A Rome, il n'obligeait que le *libertus* envers son patron.

(6) Pline le Jeune, X, 109-110 : « Quo jure uti debeant bithynæ vel ponticæ civitates in iis pecuniis, quæ ex quaque causà reipublicæ debebuntur ex lege cujusque animadvertendum est. » — Il en était de même d'Antiochia, en Syrie ; cf. Papinien, au Dig., XLII, 5, loi 37 : « Antiochensium Cœlæ Siyræ civitati, quod lege suà privilegium in bonis defuncti debitoris accepit, jus persequendi pignoris durare constitit. »

(7). Pline, X, 88 : « Nicensibus, qui intestatorum civium suorum concessam vindicationem bonorum à divo Augusto affirmant ... »

(8) Cf. Cicéron, *In Verrem* II, lib. II, ch. XIII : « Siculi hoc jure sunt, ut quod civis cum cive agat *domi*, certet *suis legibus*. »

spéciale, aucun pérégrin ne pouvait prétendre les exercer[1]. Les autres, au contraire, admis par tous les peuples et considérés comme fondés sur la raison naturelle, pouvaient être invoqués aussi bien par les pérégrins que par les citoyens romains. Les droits de la première catégorie formaient le *jus civile*, le droit propre aux citoyens ; les droits de la seconde catégorie formaient le *jus gentium*, sorte de droit commun aux différentes nations[2]. Mais ce qu'il importe de bien remarquer ici, c'est que ce *jus gentium*, qui sous Justinien était accessible « à tout le genre humain »[3], faisait, pour les Romains, partie intégrante de leur législation[4].

Outre les droits politiques (*jus suffragii, jus honorum*) dont nous n'avons pas à nous occuper, le *jus civile* romain comprenait d'importants droits privés, refusés en principe aux pérégrins, notamment le *connubium*[5], et comme corollaires les *justæ nuptiæ*[6], la *patria potestas*[7], l'adoption[8], l'agnation qui reposait sur la *patria potestas*[9], et l'hérédité *ab intestat* qui reposait sur l'agnation[10] ; puis le *commercium*[11], et comme corollaires le *dominium ex jure Quiritium*, et certains modes d'acquérir,

(1) Ulpien, *Reg.*, V, 4 : « ..... latinis et peregrinis, ità si concessum sit. »

(2) Gaïus, I, 1, et au Dig., I, 1, loi 9 : « Quod quisque populus ipse sibi jus constituit, id ipsius proprium civitatis est, vocaturque *jus civile*, quasi jus proprium ipsius civitatis ; quod verò naturalis ratio inter omnes homines constituit, id apud omnes populos peræquè custoditur, vocaturque *jus gentium*, quasi quo jure omnes gentes utuntur » ; — Ulpien, au Dig., I, 1, lois 1-4°, et 6, pr. ; — Just., I, 2, § 1 ; — *Fragm. Dositheanum*, § 1. — Cf. Sumner Maine, *L'ancien droit*, trad. Courcelle-Seneuil, Paris, Durand, 1876, in-8, p. 48-49.

(3) Just., I, 1, § 2 : « Jus autem gentium omni humano generi commune est. » — Marcien [au Dig., XLVIII, 19, loi 17-1°] l'accordait déjà aux ἀπόλιδες : « Item quidam ἀπόλιδες sunt.... ut ea quidem quæ juris civilis sunt, non habeant, quæ vero juris gentium sunt habeant. »

(4) Gaïus, I, 1 : « Populus itaque romanus partim suo proprio, partim communi omnium hominum jure utitur » ; — *Fragm. Dosith.*, § 1 : « Omne enim jus, quo utimur, aut civile appellatur, aut naturale vel gentium. » — Cf. van Wetter, *op. cit.*, n° 7. — Cicéron disait déjà (*De off.*, III, 17) : « Quod civile non idem continuo gentium, quod autem gentium idem civile esse debet. »

(5) Ulpien, *Reg.*, V, 4 : « Connubium habent cives romani cum civibus romanis, cum Latinis autem et *peregrinis*, ita si concessum sit. » — Cf. Gaïus, I, 56, 57 ; — etc....

(6) Ulpien, *ibid.*, 1 : « Justum matrimonium est, si inter eos qui nuptias contrahunt, connubium sit.... »

(7) Gaïus, I, 55 : « Item in *potestate* nostrà sunt liberi nostri, quos justis nuptiis procreavimus : quod jus proprium civium Romanorum est » ; — etc... Cf. Just., I, 9, § 2.

(8) Cf. Accarias, *Précis de droit romain*, n° 102.

(9) Ulpien, au Dig., L, 16, loi 195-2°.

(10) Cbn. Gaïus, III, 9 et 24.

(11) Ulpien, *Reg.*, XIX, 4 : « Mancipatio locum habet inter cives romanos et

tels que la mancipation[1], la *cessio in jure*, l'usucapion[2], et l'inscription à titre d'héritier ou de légataire dans le testament d'un citoyen[3]. La *manus* et la tutelle des femmes[4], la tutelle des impubères elle-même[5], le testament[6], les différents *modes* d'affranchissement des esclaves[7], l'emploi du verbe *spondeo* dans les stipulations[8], les effets du cautionnement[9], l'usage des *nomina transcriptitia*, au moins *à personâ in personam*[10], faisaient également partie du droit propre aux citoyens romains[11].

latinos coloniarios latinosque junianos eosque peregrinos quibus *commercium* datum est. » — Ce texte prouve que certains pérégrins jouissaient par concession spéciale du *commercium*, lequel était compris d'ailleurs dans les droits reconnus aux Latins. Il est inutile, pour notre sujet, d'entrer dans tous ces détails.

(1) Ulpien, *ibid.*; — et Gaïus, *infrà cit.*

(2) Gaïus, II, 65 : « Nam mancipationis et in jure cessionis et usucapionis jus proprium est civium romanorum. »

(3) Gaïus, II, 110 : « ... cum alioquin peregrini quidem, ratione civili, prohibeantur capere hereditatem legataque » ; 218, *in fine :* « Tunc autem vitio personæ legatum non valere, cum ei legatum sit, cui nullo modo legari possit, velut peregrino, cum quo testamenti factio non sit. » — *Adde* Ulpien, *Reg.*, XXII, 2; — et Cod. Just., VI, 24, loi 1. — Il n'y avait d'exception que pour les testaments des *militaires* ; cf. Gaïus, II, 110 : « Prætereà permissum est iis et *peregrinos* et latinos instituere heredes, vel iis legare. »

(4) Gaïus, I, 108 : « [Nunc de his personis videamus, quæ in manu nostrâ sunt, quod] et ipsum jus proprium civium romanorum est » ; la suite rend la restitution des premiers mots à peu près certaine ; — Gaïus, I, 193, *suprà cit.*

(5) Paul, au Dig., XXVI, 1, loi 1, pr. : « *Tutela* est, ut Servius definit, vis ac potestas in capite libero, ad tuendum eum qui propter ætatem suam sponte se defendere nequit, *jure civili* data ac permissa » (cf. Just., I, 3, § 1) ; — Modestin, au Dig., XXVII, 1, loi 6, § 15 : « Tutela non est reipublicæ munus, nec quod ad impensam pertinet, sed *civile* : nec provinciale videtur tutelam administrare. » — Cf. Accarias, *op. cit.*, n° 124, *in fine.*

(6) Just., II, 10, § 2 : « Sed prædicta quidem nomina testamentorum ad jus civile referebantur. » — Cf. Ulpien, XX, 14.

(7) Cela résulte des formes exigées : *vindicta, census, testamentum ;* mais le *droit* d'affranchir fait partie du *jus gentium.* — Cf. *Fragm. Dosith.*, § 5 : « ... quæ appellatur *justa* ac legitima manumissio » ; — et de Boeck, *op. cit.*, p. 144.

(8) Gaïus, III, 93 : « Sed hæc quidem verborum obligatio : *Dari spondes? Spondeo*, propria civium romanorum est ; ceteræ verò juris gentium sunt ; itaque inter omnes homines, sive romanos, sive peregrinos, valent ; etc.... » ; — III, 179, *in fine.*

(9) Arg. Gaïus, III, 120 ; — cf. *infrà* n° 14.

(10) Gaïus, III, 133 : « Transcriptitiis vero nominibus an obligentur peregrini, merito quæritur, quia quodammodo juris civilis est talis obligatio : quod Nervæ placuit. Sabino autem et Cassio visum est, si à re in personam fiat nomen transcriptitium, etiam peregrinos obligari ; si vero à personâ in personam, non obligari. » — Sur cette controverse, cf. notre *Étude sur les controv. entre les Proculéiens et les Sabiniens*, Paris, Larose et Forcel, 1881, in-8, n° 29.

(11) Pour plus de détails, cf. van Wetter, *op. cit.*, n° 6.

Quant aux autres droits privés, ils étaient compris dans le *jus gentium*. Les pérégrins pouvaient notamment avoir à Rome la *potestas dominica* sur leurs esclaves, avec toutes ses conséquences : le *jus vitæ necisque*, l'acquisition *per servum*, le droit d'affranchir[1]. Ils pouvaient également acquérir[2] par divers modes, tels que la tradition[3] et l'occupation[4]. La *præscriptio longi temporis* fut organisée en grande partie dans leur intérêt par le préteur, en vue de suppléer à l'usucapion qui leur était fermée[5]. Les fidéicommis semblent avoir été sanctionnés dans le même but, pour suppléer aux legs dont les pérégrins ne pouvaient profiter ; il est certain, en tous cas, qu'à l'origine, les pérégrins pouvaient recevoir par fidéicommis[6]. De même la plupart des contrats et des pactes leur étaient devenus, avec le temps, pleinement accessibles, notamment le *mutuum*, le dépôt, le gage, la vente, le louage, la société, l'échange[7],

(1) Gaïus, 1, 52 : « In potestate itaque sunt servi dominorum ; quæ quidem potestas juris gentium est ; nam apud omnes peræque gentes animadvertere possumus dominis in servos vitæ necisque potestatem esse ; et quodcumque per servum adquiritur, id domino adquiritur » ; — Just., I, 8, § 1.

(2) Acquérir *quoi*? La propriété *ex jure Quiritium*? Cela est invraisemblable. L'*in bonis*? Cela est fort discuté. Une propriété *sui generis*, rentrant dans le *jus gentium*? Cela est possible. Le *dominium* pérégrin ? Cela est probable. — Cf. en sens contraires : Humbert, *De la condition des pérégrins chez les Romains*, dans le *Recueil de l'Acad. de législation de Toulouse*, t. XIX (1870), p. 21-22 ; — Frénoy, *Condition des pérégrins à Rome* (thèse), Paris, Noblet, 1879, in-8, p. 53-54 ; — de Boeck, *op. cit.*, p. 146 et suiv. ; —*infrà* n° 13.

(3) Gaïus, II, 65 : « ... quædam naturali jure alienari, qualia sunt ea quæ *traditione* alienantur, quædam civili » ; — *Fragm. Vat.*, 47 : « ..... non traditioné, quæ juris gentium est. » — Il ne semble pas d'ailleurs qu'il y ait lieu de distinguer, quand il s'agit d'une tradition faite à un *pérégrin*, entre les *res mancipi* et les *res nec mancipi* ; dans tous les cas, la tradition suffit pour transférer à ce pérégrin le genre de *propriété* qu'il peut acquérir. Cela résulte formellement en ce qui concerne l'esclave des *Fragm. Vat.*, 47 : « ..... nec in homine, si peregrino tradatur » (cf. Ulpien, *Reg.*, I, 16) ; mais pour les autres *res mancipi*, il y a controverse. Cf. Frénoy, *op. cit.*, p. 51-52 — de Boeck, *op. cit.*, p. 146-147.

(4) Gaïus, II, 66 : « Nec tamen ea tantum quæ traditione nostra fiunt, naturali nobis ratione adquiruntur, sed etiam quæ *occupando* ideo nostra facerimus, etc.... »

(5) Cf. Accarias, *op. cit.*, n° 245 ; — de Boeck, *op. cit.*, p. 147.

(6) Gaïus, II, 285 : « Ut ecce peregrini poterant fideicommissa capere ; et ferè hæc fuit origo fideicommissorum. » — Cf. Voigt, *op. cit.*, t. II, p. 853 ; — de Boeck, *op. cit.*, p. 150-151.

(7) Hermogénien, au Dig., I, 1, loi 5 : « Ex hoc jure gentium.... emptiones, venditiones, locationes, conductiones, obligationes institutæ, exceptis quibusdam, quæ à jure civili introductæ sunt » ; — Marcien, au Dig., XLVIII, 22, loi 15 : «... jure tamen gentium utitur : emit enim et vendit, locat, conducit, permutat, fœnus exercet, et cætera similia, et postea quæsita pignori dare

la stipulation (sauf la restriction indiquée ci-dessus) soit pour constituer une obligation principale, soit pour faire une *fidepromissio* ou une *fidejussio*[1], et même pour certains auteurs la *transcriptio a re in personam*[2]; etc...

6. De cette situation spéciale découle une conséquence importante, c'est qu'en fait, chaque fois qu'un litige entre pérégrins, ou entre pérégrins et citoyens romains, roulera sur une matière du *jus gentium*, le préteur pérégrin, juge ordinaire de ces litiges[3], appliquera le *jus gentium*, sans se préoccuper des lois personnelles des parties en cause, sans qu'il y ait lieu par suite de distinguer si le procès a lieu entre pérégrins et citoyens romains, entre pérégrins appartenant à des cités différentes, ou même (ce qui est plus délicat) entre pérégrins d'une même cité[4]. Il résulte en effet du langage des jurisconsultes romains, et notamment de Gaïus, que le *jus gentium* pouvait d'une part être invoqué par les pérégrins, et d'autre part leur être imposé. Ainsi, en parlant des stipulations faites par des pérégrins sous une autre forme que la forme *Spondesne? Spondeo*, Gaïus dit formellement : « *Inter omnes homines, sive Romanos, sive peregrinos*, VALÈNT »[5]; donc le pérégrin stipulant pourra réclamer le bénéfice de la stipulation, et en sens inverse, le pérégrin promettant devra en subir les conséquences. Ce dernier point ressort plus clairement encore des expressions : *peregrinum quoque obligari posse, an obligentur peregrini, etiam peregrinos obligari*, employées par le même auteur à propos des stipulations, de la *numeratio*

potest » ; — Instit. de Just., I, 1, § 2, *in fine* . « Ex hoc jure gentium et omnes pæne contractus introducti sunt, ut emptio venditio, locatio conductio, societas, depositum, mutuum, et alii innumerabiles. » — Cf. de Boeck, *op. cit.*, p. 155-156.

(1) Gaïus, III, 93, *suprà cit.* ; — et III, 120.

(2) Gaïus, III, 133, *suprà cit.*

(3) Pomponius, au Dig., I, 2, loi 2, § 28 : « Non sufficiente eo prætore, quod multa turba etiam peregrinorum in civitatem veniret, creatus est et alius prætor, qui peregrinus appellatus est, ab eo quod plerumque inter peregrinos jus dicebat. » Le préteur pérégrin paraît du reste avoir été appelé originairement *prætor qui inter peregrinos jus dicit* [*Lex repetund.*, cap. VI; *lex Julia municip.*, cap. I; *lex Rubria*, cap. XX]. — Le préteur pérégrin jugeait aussi les procès *inter cives et peregrinos* (Tite Live, XXII, 35 ; XXIII, 21, etc. ; Orelli-Henzen, *Inscript. lat.*, nᵒˢ 5480, 6428, etc...) — Cf. de Boeck, *op. cit.* nᵒ 5.

(4) D'après MM. Voigt, *op. cit.*, p. 656-662, et de Boeck, *op. cit.*, nᵒˢ 67 et 70, le *jus gentium* aurait été, dès l'origine, applicable et exclusivement applicable aux rapports *inter cives et peregrinos*, ou *inter peregrinos* ; il aurait constitué alors un véritable droit *international* ; par la suite, il s'étendit même aux rapports *inter cives*, et devint un droit « *anational* ».

(5) Gaïus, III, 93.

pecuniæ constatée par des *arcaria nomina*, et de la *transcriptio a re in personam*[1].

Il résulte encore implicitement des textes précités que le *jus gentium* qui est ici appliqué aux pérégrins, est le *jus gentium* tel que le consacre le *droit romain*, spécialement représenté ici par l'*édit* du préteur pérégrin[2]; le préteur n'avait pas à tenir compte des petites divergences qui pouvaient se rencontrer à cet égard entre le droit romain et les divers droits pérégrins[3]. C'est ainsi que les restrictions apportées par Antonin le Pieux à la *dominica potestas* qui faisait partie du *jus gentium* se sont trouvées tout naturellement applicables aux pérégrins, indépendamment de la question de savoir si leur droit personnel admettait ou non ces restrictions[4]. Dans ces hypothèses, il ne pouvait donc pas se présenter de conflits de lois. Étant donné d'ailleurs que le *jus gentium* reproduisait, en général, un droit commun aux différentes nations[5], les parties en cause se trouvaient jugées en somme par un droit conforme à leurs droits particuliers. Dans tous les cas, l'application du *jus gentium* aux pérégrins avait pour effet — c'est à cette conclusion que nous voulions en venir — de rendre assez rares à Rome les conflits de législations.

IV

7. Faut-il aller plus loin, et dire que, grâce au *jus gentium*, aucun conflit de législations ne pouvait s'élever à Rome ? M. F. Laurent l'a soutenu, et avec une telle insistance, qu'il importe de s'arrêter un instant à sa théorie. Voici d'abord en quels termes il la formule : « La justice internationale suppose qu'il existe un droit d'après lequel le juge décide les contestations qui s'élèvent entre étrangers et nationaux, ou entre étrangers. Comme il y avait à Rome une justice internationale, on pourrait croire que les Romains connaissaient le droit international privé, tel qu'on l'entend aujourd'hui : ce serait une erreur. Pour qu'il y ait un droit civil international dans le sens moderne, il faut que le droit soit considéré comme inhérent à la personne, au moins en partie, c'est-à-dire que l'homme conserve son droit national, dans de certaines

(1) Gaïus, III, 94, 131, 133.

(2) Cf. la *lex Rubria* (de l'an 705 ou 711), cap. xx, qui mentionne à deux reprises la *stipulatio de damno infecto*, « quam is qui Romæ inter peregrinos jus dicit in albo propositam habet » ; — et de Boeck, *op. cit.*, chap. iv et v, *passim*.

(3) Cf. de Boeck, *op. cit.*, p. 137.

(4) Gaïus, I, 53 : « Sed hoc tempore neque civibus romanis nec ullis aliis hominibus qui sub imperio populi romani sunt, licet suprà modum et sine causa in servos suos sævire ; etc... »

(5) Cf. les textes cités *suprà* n° 5, notamment Gaïus, I, 1 : «... id apud omnes populos *peræquè* custoditur... »

limites, hors du territoire auquel il appartient ; ce qui implique que le droit est attaché à la personne et non au citoyen. Or les Romains, pas plus que les Grecs, n'avaient aucune idée d'un *droit personnel*. Le droit civil était propre aux citoyens ; l'étranger en était exclu, et le Romain le perdait en perdant la cité. Quant au droit des gens, c'était un droit commun à toutes les nations, le même partout. Cela rendait tout conflit impossible entre les deux droits, car le droit des gens faisait partie du droit *civil* [1]. »

Un peu plus loin, M. Laurent ajoute : « Le droit des gens formait la règle, non seulement entre pérégrins, mais aussi entre pérégrins et Romains..... Ainsi, le Romain, pas plus que le pérégrin, ne pouvait invoquer le droit qui lui était propre : tant que le citoyen était en rapport avec des citoyens, il restait sous l'empire du droit *civil*. Dès qu'il entrait en relations avec un pérégrin, le droit des gens était la *seule* règle du juge. Il en devait être ainsi même en ce qui concerne l'état et la capacité des Romains ; les textes gardent le silence sur ce point, parce que les jurisconsultes n'avaient aucune idée d'un statut personnel. Quand des pérégrins étaient en cause, le juge écartait le droit civil pour s'en tenir au droit des gens : nouvelle *preuve* que les Romains n'avaient pas le soupçon d'un droit international privé [2]. » — M. Laurent admet toutefois — et cela constitue une contradiction dans son système — qu'en cas de procès entre deux pérégrins appartenant à des cités différentes, « un conflit était possible entre les droits particuliers de ces cités, et partant qu'il pouvait naître un droit international privé » ; mais il se hâte d'ajouter : « Il n'y en a aucune trace dans les lois romaines, preuve certaine que ce droit n'existait point ; et la raison en est toujours que les anciens ne s'étaient pas élevés à l'idée de la personnalité du droit [3]. »

(1) F. Laurent, *op. cit.*, nº 102.

(2) *Ibid.*, nº 104.

(3) *Ibid.*, nº 102 ; cf. encore nº 105. — M. Léon Duguit [*op. cit.*, p. 9-11] applique la théorie de M. Laurent aux rapports de droit qui pouvaient exister entre pérégrins et citoyens romains, et même à ceux qui pouvaient naître entre pérégrins appartenant à des cités différentes : « Quant aux actes juridiques intervenant entre pérégrins et citoyens romains, aucun conflit ne pouvait naître ; car une seule et unique règle de droit, le *jus gentium*, pouvait leur être appliquée........ Des rapports de droit pouvaient naître entre pérégrins appartenant à des cités dont le droit propre différait. Dans cette hypothèse, les conflits de législations étaient-ils écartés par l'application unique du *jus gentium* ? Des textes précis nous font défaut pour résoudre cette question d'une façon certaine. Cependant il nous paraît absolument probable que ces rapports entre pérégrins de cités différentes étaient régis exclusivement par le *jus gentium*. En effet, le préteur pérégrin qui, entre citoyens romains et pérégrins, appliquait le *jus gentium*, devait certainement appliquer

8. Ainsi présentée, la thèse de l'écrivain belge est inadmissible : en effet, le *jus gentium* était absolument insuffisant pour trancher toutes les questions de droit qui pouvaient se présenter entre pérégrins. Il existait *en dehors* bien des matières de la plus haute importance : le mariage, l'autorité paternelle, l'adoption, la tutelle, le testament, l'hérédité *ab intestat*, pour ne rappeler que les principales[1]. Or les pérégrins se mariaient[2], exerçaient l'autorité paternelle[3], connaissaient l'adoption[4] et la tutelle[5], pratiquaient le testament[6], et succédaient *ab intestat*[7]. En un mot, ils avaient, eux aussi, leur *jus civile* pérégrin, correspondant au *jus civile* romain.

Gaïus dit à ce propos : « Tous les peuples qui sont régis par des lois ou par des coutumes, usent en partie d'un droit qui leur est propre, en partie d'un droit commun à tous les hommes[8] » ; et Justinien, qui

le même droit, quand il était saisi d'un procès entre pérégrins. » On remarquera que M. Duguit réserve l'hypothèse des rapports juridiques entre pérégrins de même cité ; à cette hypothèse, il applique (p. 11-12) une autre théorie que nous examinerons plus loin (*infrà* n° 11). — M. de Boeck, dont les conclusions se rapprochent le plus des nôtres, nous paraît subir quelquefois l'influence des idées de M. Laurent, notamment *op. cit.*, p. 166.

(1) Cf. de Boeck, *op. cit.*, p. 136-137.

(2) Nous voulons dire par là qu'ils avaient, en matière de mariage, des lois civiles déterminées ; cf. Aulu-Gelle, *Nuits Attiques*, IV, 4 ; — et Gaïus, I, 92, qui parle d'un mariage « secundum *leges* moresque peregrinorum ».

(3) Les Gaulois, au temps de César (*De bello Gallico*, VI, 19), avaient sur leurs enfants droit de vie et de mort ; les Galates possédaient une *potestas* analogue à celle des Romains (Gaïus, I, 55) ; presque partout le père pouvait nommer un tuteur testamentaire à ses enfants (*ibid.*, 189).

(4) Cicéron, *Epist. ad famil.*, XIII, 19, mentionne une adoption faite par un citoyen de Patræ selon les lois de sa cité : « ... quem C. Mœnius Gemellus, cliens meus, quum in calamitate exsilii sui Patrensis civis factus esset, *Patrensium legibus* adoptavit. »

(5) Gaïus, I, 189 : « Sed impuberes quidem in tutelà esse *omnium* civitatum jure contingit. » — Il devait en être de même de la *curatelle*, à laquelle semble se rapporter le passage suivant de Gaïus, malheureusement mutilé : « [......] ætatem pervenerit, in quâ res suas tueri possit ; sicuti apud peregrinas gentes custodiri superiùs indicavimus (I, 197). »

(6) Ulpien, *Reg.*, XX, 14 : « ... quasi peregrinus..... ut [secundum] leges civitatis suæ testetur » ; — Cicéron, *loc. infrà cit.*

(7) Cicéron, *In Verrem* II, lib. II, ch. xxii, fait allusion aux lois successorales de Bidis : — « Bidis oppidum est tenue sanè non longe à Syracusis. Hujus longe primus civitatis est Epicrates quidam. Ei hereditas HS quingentorum millium venerat a muliere quâdam propinquâ, atque ita propinquâ, ut, ea etiamsi *intestata* esset mortua, Epicratem *Bidinorum legibus* heredem esse oporteret. » — *Adde* Cicéron, *Epist. ad famil.*, XIII, 30.

(8) Gaïus, au Dig., I, 1, loi 9 : « Omnes populi, qui legibus et moribus reguntur, partim suo proprio, partim communi omnium hominum jure utuntur. » — Cf. Just., I, 2, § 1.

répète cette phrase, est encore plus explicite en ajoutant : « Le droit civil prend le nom de *chaque cité*, par exemple d'Athènes ; et il ne commettrait pas d'erreur, celui qui appellerait les lois de Solon ou de Dracon, le *jus civile* des Athéniens [1]. »

En face du droit civil des Romains, se dresse donc le droit civil des pérégrins. Or ces deux droits pouvaient réglementer de façons différentes, des institutions communes, telles que le mariage et la tutelle des impubères ; on sait de plus qu'entre eux, la correspondance n'était pas parfaite. A Rome, par exemple, existaient la *manus* et la tutelle des femmes, inconnues dans les cités pérégrines ; en revanche, dans les cités grecques, existaient l'hypothèque, les *syngraphæ*, les *chirographa*, qui ne pénétrèrent qu'assez tard dans le droit romain. Si donc, un procès venait à naître sur des matières rentrant dans le *jus civile* romain, ou sur des matières exclusivement propres au *jus civile* pérégrin, le *jus gentium* ne pouvait plus recevoir d'application ; et il est bien évident qu'ici, il faut se demander quelle est la loi qui régira à Rome les différents actes accomplis par les pérégrins. Est-ce la loi romaine, *lex loci*, ou la loi pérégrine, *lex personæ*? Nous sommes cette fois en présence d'un véritable conflit, conflit entre le *jus civile* romain et le *jus civile* pérégrin ; et par conséquent, *à Rome*, il y avait réellement à résoudre des questions de droit international privé.

9. Ces questions pouvaient aussi se présenter dans les cités pérégrines, et dans les mêmes termes qu'à Rome ; mais nous devons, faute de documents, renoncer à savoir comment elles y étaient tranchées. Pour beaucoup de cités d'ailleurs, les conflits possibles devaient être prévus et réglés, soit par le *fœdus* conclu avec le peuple romain, soit par la *lex data* imposée par le général romain victorieux. Il *semble* résulter d'un passage intéressant de Cicéron qu'il en était ainsi pour les villes de Sicile [2]. Parfois aussi, les gouverneurs de provinces pouvaient (comme le faisaient les préteurs à l'égard du *jus civile* romain), éluder

---

(1) Just., I, 2, § 2 : « Sed jus quidem civile ex unaquaque civitate appellatur, veluti Atheniensium ; nam si quis velit Solonis vel Draconis leges appellare *jus civile Atheniensium*, non erraverit. »

(2) Cicéron, *In Verrem* II, lib. II, cap. xiii ; « Siculi hoc jure sunt, ut quod civis cum cive agat domi certet suis legibus, quod Siculus cum Siculo non ejusdem civitatis, ut de eo prætor judices ex P. Rupilii decreto, quod is de decem legatorum sententia statuit, quam illi legem Rupiliam vocant, sortiatur.... Quod civis romanus à Siculo petit, siculus judex datur ; quod Siculus à cive romano, civis romanus datur : cæterarum rerum selecti judices ex civium romanorum conventu proponi solent. » Ce texte, malheureusement, indique seulement quel est le *juge* des procès mixtes en Sicile, mais non quel *droit* il applique. Il y a là une grande différence que M. Laurent n'a pas aperçue [*ibid.*, n° 106], mais que Cicéron signale nettement, en se moquant des Grecs de sa province qui croient jouir de l'autonomie parce qu'ils ont des

le *jus civile* des cités pérégrines placées sous leur surveillance, et régle ;
menter certaines matières par des *édits* applicables à tout le monde-
ce qui supprimait tout conflit [1]. Mais, en dehors des clauses d'un traité,
des prévisions d'une charte, ou des dispositions d'un édit, le problème
se retrouve pour les cités pérégrines comme pour Rome, et le besoin de
le résoudre se fait sentir.

C'est ce que Savigny a parfaitement compris : « Ce besoin, dit-il,
existerait lors même que les jurisconsultes romains n'auraient jamais
songé à ces questions, et ne s'en seraient jamais occupés ; mais, en fait,
les jurisconsultes romains ont traité ces questions. » Seulement, leurs
décisions sont « en partie exclusives et incomplètes »[2]. Toutes frag-
mentaires qu'elles soient, ces décisions des *prudentes* méritent d'être re-
cueillies et analysées avec soin. Pour procéder avec ordre, nous examinerons d'abord les textes relatifs au droit des *personnes*, puis les textes
relatifs au droit du *patrimoine*. Nous verrons, à propos de chacun d'eux,
quelles conclusions il comporte.

V

10. Voici d'abord un texte intéressant, concernant l'affranchissement
des esclaves par les pérégrins. — La *potestas dominica*, avons-nous dit,
faisait partie du *jus gentium* ; mais les modes d'affranchissement orga-
nisés par le droit romain étaient compris dans le *jus civile*. Si un citoyen
romain n'employait pas un de ces modes, l'esclave qu'il avait prétendu
affranchir ne devenait pas citoyen romain, et ne devenait même pas
libre en droit. D'assez bonne heure toutefois, le préteur était intervenu
pour empêcher qu'en fait l'esclave continuât à servir[3] ; plus tard, la loi
Junia Norbana avait consacré sa jurisprudence, en conférant aux esclaves affranchis en dehors des formes légales par des citoyens romains, la qualité de *latins* (latins juniens)[4]. Mais cette loi, faite pour
les citoyens, n'était pas applicable aux pérégrins[5]. D'un autre côté, les

juges pérégrins : « Græci vero exultant, quod peregrinis judicibus utuntur.
Nugatoribus quidem, inquies. Quid refert ! tamen se αὐτονομίαν adeptos
putant » (*Ad Atticum*, VI, 1, § 15).

(1) Cicéron rendit ainsi, comme gouverneur de Cilicie, un édit, imité de
celui du préteur urbain, et portant notamment sur les créances, les *syngraphæ*, et les successions (*Ad Atticum*, VI, 1, § 15).

(2) De Savigny, *Traité de droit romain*, trad. Guenoux, 2ᵉ éd.; in-8, Paris,
Didot, t. VIII (1860), p. 9.

(3) *Fragm. Dositheanum*, § 5 : « .... interveniebat prætor, et non patiebatur
manumissum servire ; etc.... »

(4) *Ibid.*, § 6 : « Sed nunc habent propriam libertatem inter amicos manumissi, et fiunt Latini Juniani, quoniam lex Junia, quæ libertatem iis dedit,
exæquavit eos Latinis coloniariis. »

(5) *Ibid.*, § 12 : « Peregrinus manumissor servum non potest ad Latinita-

pérégrins ne pouvaient pas employer les formes civiles romaines. Lors donc qu'ils affranchissaient leurs esclaves à Rome, quelle était la valeur de l'acte accompli? A cette question, l'auteur anonyme du fragment qui nous a été conservé par Dosithée répond : « Le préteur ou le proconsul ne doit pas permettre que l'affranchi continue à servir, à moins que la loi pérégrine n'en dispose autrement [1]. » Donc, pour savoir si un affranchissement fait par un pérégrin confère la liberté à l'esclave, et pour trancher les difficultés qui peuvent s'élever sur ce point, c'est la loi pérégrine que le préteur doit consulter, et non pas le droit romain ; c'est-à-dire la *loi personnelle* du *manumissor*, et non pas la *lex loci*. D'ailleurs, on peut dire qu'on applique la loi personnelle des deux parties en cause, quand il y a procès entre le *manumissor* et l'affranchi ; car ce dernier prend la nationalité de son ancien maître [2], et par suite, le débat a lieu entre deux pérégrins *ejusdem civitatis* [3].

11. Passons au *mariage*, institution qui à Rome faisait plus que toute autre, en quelque sorte, partie du *jus civile*. — Les pérégrins, à qui le *connubium* avec les Romains n'avait pas été concédé, ne pouvaient pas contracter avec eux les *justæ nuptiæ* [4], mais seulement un *matrimonium*, qualifié d'*injustum* ou *sine connubio*. La même union était possible entre pérégrins appartenant à des cités différentes n'ayant pas entre elles (d'après leur droit propre) le *connubium*. Quant aux pérégrins appartenant à la même cité ou à des cités possédant entre elles le *connubium*, ils pouvaient se marier selon leur droit civil, *secundum leges moresque peregrinorum*, comme dit Gaïus [5]. Il y a là, à notre avis, deux sortes d'unions différentes : la première, nous le verrons, appartient au *jus gentium*, la seconde au *jus civile* pérégrin. Il importe donc de ne pas les confondre [6].

---

tem perducere, quia lex Junia, quæ Latinorum genus introduxit, *non pertinet ad peregrinos*, sicut et Octavenus probat. »

(1) *Ibid.* : « Prætor [tamen vel proconsul] non permittet manumissum servire, nisi aliter lege peregrina caveatur. »

(2) Pline le Jeune, *Epist.*, IV : « Est enim peregrinæ conditionis, manumissus à peregrinâ. »

(3) Cf. sur ce point : Humbert, *op. cit.*, p. 31-32 ; — de Boeck, *op. cit.*, p. 145.

(4) Gaïus, I, 56, 57, 67, 77, etc. ; — Ulpien, *Reg.*, V, 2 et 4 ; — etc.

(5) Gaïus, I, 92.

(6) C'est cependant ce qui a lieu généralement ; M. de Boeck (*op. cit.*, p. 142) est un des rares auteurs qui fassent nettement la distinction : « Trois points sont hors de doute. En premier lieu, aucune de ces unions ne constitue un mariage civil romain, un *matrimonium justum*, parce que les pérégrins, à quelque catégorie qu'ils appartiennent, n'ont pas le *jus connubii*, sauf concession spéciale. En second lieu, un mariage *civil* est possible entre membres d'une même *civitas libera* de l'*orbis romanus* et entre deux provinciaux de la même province, admettrons-nous par analogie ; c'est le mariage *secundum*

Quelle était, à l'égard du droit romain, la valeur de ces divers mariages des pérégrins ? Étaient-ce des unions d'ordre inférieur comme le *concubinatus*, des commerces illicites comme le *stuprum*, de purs faits destitués de toute conséquence juridique comme le *contubernium* ? Certainement non. Les mariages des pérégrins, aux yeux des jurisconsultes romains, constituaient de véritables *matrimonia*. Cela résulte, non seument des expressions dont ils se servent pour les qualifier [1], mais encore, des effets importants qu'ils leur reconnaissent. —D'abord, l'infidélité de la femme était punie des peines de l'adultère, ce qui établit de suite une grande différence entre l'*uxor* pérégrine et la *concubina*, sans qu'il y ait à distinguer s'il s'agit d'un mariage entre pérégrins d'une même cité, entre pérégrins de cités différentes, ou entre pérégrins et citoyens romains [2]. — En second lieu, ces divers mariages pouvaient se transformer, sous certaines conditions. en *justæ nuptiæ*, sans qu'il fût nécessaire de les renouveler [3] ; c'est une nouvelle preuve que, pour les Romains, ils constituaient des mariages véritables et valables. — Enfin, les enfants issus de mariages pérégrins n'étaient pas des enfants *naturels* ; car sans cela, selon le principe général en matière de filiation naturelle, ils auraient dû suivre *indistinctement*, non pas la condition de leur père au jour de la conception, mais la condition de leur mère au jour de l'accouchement [4]. Or un sénatus-consulte rendu sous Hadrien dispose formellement que l'enfant d'une pérégrine *non mariée* suit

leges moresque peregrinorum, auquel Gaïus (I, 92) fait allusion.... En troisième lieu, les Romains admettent un mariage du droit des gens, partout où il n'y a ni mariage civil romain, ni mariage civil pérégrin ; ainsi toutes les fois qu'il ne s'agira pas d'un mariage entre citoyens ou personnes investies du *jus connubii*, ou d'un mariage entre membres d'une même *civitas libera* ou d'une même province, il y aura *matrimonium non legitimum, non justum, sine connubio.* »

(1) On trouve constamment pour désigner les conjoints les mots *uxor* et *maritus*, et pour désigner leur union les mots *matrimonium, uxorem ducere, nubere* ; cf. notamment Gaïus, I, 66 à 94, *passim*.

(2) Ulpien, au Dig., XLVIII, 5, loi 13, § 1 : « Plane sive justa uxor fuit sive *injusta*, accusationem instituere [vir] poterit ; nam et Sextus Cæcilius aït : Hæc lex (Julia) ad *omnia* matrimonia pertinet. » — Toutefois le mari ne jouissait pas, pour intenter l'accusation, de certains privilèges accordés au mari dans les *justæ nuptiæ* ; cf. Papinien dans la *Collatio Mosaïcarum et romanarum legum*, IV, 5 : « Civis romanus, qui sine connubio civem peregrinam in matrimonio habuit, jure quidem mariti eam adulteram non postulat. » — Cf. Esmein, *Le délit d'adultère à Rome*, dans la *Nouvelle Revue histor. de droit français et étranger*, année 1878, p. 18 et 403.

(3) Cf. les différentes hypothèses de *causæ probatio* et *erroris probatio* énumérées en détail par Gaïus, I, 28 et suiv., 65 et suiv.

(4) Gaïus, I, 89 et suiv. ; — Ulpien, *Reg.*, V, 10 ; — Dig., L, 1, loi 1-2°, loi 9 ; — etc.

toujours la condition de sa mère au jour de l'accouchement[1] ; mais il n'en est pas de même de l'enfant d'une pérégrine *mariée.*

Dans ce dernier cas, en effet, il fallait distinguer : — 1º si l'enfant était issu d'un mariage contracté *secundum leges peregrinorum,* il devait suivre la condition de son père au jour de la conception, comme dans les *justæ nuptiæ*[2] ; il était, selon une expression très remarquable que Gaïus paraît avoir empruntée au sénatus-consulte précité : *justus filius patris*[3] ; et cela se conçoit à merveille : car dans cette hypothèse, il y a entre les deux époux pérégrins, un véritable *connubium,* d'après leur droit propre[4] ; et par suite, la solution rapportée par Gaïus constitue purement et simplement ı'application de la loi *personnelle* des parties en cause ; — 2º si au contraire, il s'agissait de ce que nous appellerions volontiers un mariage *mixte,* c'est-à-dire d'un mariage entre pérégrins et citoyens romains, ou entre pérégrins de cités différentes, n'ayant pas entre eux le *connubium* (d'après le droit pérégrin)[5], la même solution ne se conçoit plus. Dans ce cas en effet, on sortait de la sphère d'application du *jus civile,* soit romain, soit pérégrin, et l'on était obligé de recourir à un autre principe, que Gaïus qualifie à diverses reprises de règle du droit des gens, « *regula juris gentium* » : l'enfant devait suivre la condition de sa mère, comme dans l'hypothèse des naissances hors mariage[6], avec cette différence qu'ici il y avait un véritable ma-

---

(1) Gaïus, I, 92 : « Peregrina quoque si vulgo conceperit, deindè civis romana [fiat et] tunc pariat, civem romanum parit. »

(2) *Ibid.* : « Si vero ex peregrino secundum leges moresque peregrinorum conceperit, ità videtur ex S. C., quod auctore divo Hadriano factum est civem romanum parere, si et patri ejus civitas romana donetur. » Ce texte indique un changement ; avant le S. C. d'Hadrien, l'enfant devait naître *pérégrin* dans tous les cas, même quand son père avait reçu la cité romaine postérieurement à la conception ; cf. Gaïus, I, 77-78, et Ulpien, au Dig., L, 1, loi 1-2º : « Qui ex duobus igitur campanis parentibus natus est, campanus est ; sed si ex patre campano, matre puteolanâ, æquè municeps campanus est. »

(3) Gaïus, I, 77 : « .... et is justus patris filius est, *tanquam* si ex peregrina eum procreasset. »

(4) Arg. Gaïus, I, 56 et 80 ; — Ulpien, *Reg.,* V, 8. — C'était l'opinion de M. Charles Giraud, qui, avant la lecture de M. Studemund, complétait la lacune de Gaïus, I, 77, par ces mots : « connubio ex jure *peregrini* populi interveniente » (*Enchiridion,* p. 157).

(5) Entre Latins et pérégrins par exemple (Gaïus, I, 81).

(6) Gaïus, I, 80 : « Aliter vero contracto matrimonio, eum qui nascitur, *jure gentium,* matris conditionem sequi » ; — 83 : « Animadvertere tamen debemus, ne *juris gentium regulam* vel lex aliqua vel quod legis vicem obtinet, aliquo casu commutaverit » ; — 84, 85 : « .... restituit juris gentium regulam. » — Comme Gaïus le laisse pressentir, il y avait au principe certaines exceptions, introduites notamment par une *Lex Minicia,* sur laquelle nous aurons à revenir (*infrà* nº 20).

riage. Seulement c'était, selon l'expression de certains auteurs, un mariage du droit des gens [1], un mariage rentrant dans le *jus gentium*; dès lors il ne pouvait plus être question de suivre la loi pérégrine.

12. Les mariages des pérégrins étant, aux yeux des Romains, des mariages valables, ne produiront-ils pas des effets analogues à ceux des *justæ nuptiæ* romaines, et notamment ne donneront-ils pas aux pères la *patria potestas* sur leurs enfants? Ici encore, nous croyons, avec M. de Boeck [2], qu'il faut distinguer entre les *matrimonia secundum leges peregrinorum*, et les *matrimonia sine connubio*. Ces derniers, qui rentrent dans le *jus gentium*, ne sauraient produire ni la *patria potestas* romaine [3], ni l'autorité paternelle pérégrine, l'une et l'autre rentrant dans le *jus civile*. Mais les mariages contractés *secundum leges peregrinorum*, appartenant au *jus civile* pérégrin, devaient produire à Rome tous les effets consacrés par la loi personnelle des conjoints. Dans ce cas, en effet, l'enfant est *justus filius patris* [4], et ces mots n'auraient aucun sens, s'il n'en résultait pas pour le père l'autorité paternelle, telle qu'elle était organisée par la loi de sa *civitas*. Un Galate notamment devait jouir à Rome d'une *potestas* semblable à celle des citoyens romains, et tous les litiges que l'exercice de cette *potestas* pouvait soulever, devaient être tranchés selon la loi galate [5].

Pour des raisons analogues, l'*adoption* faite par un pérégrin selon la oi de sa cité, devait également produire des effets à Rome [6], et conférer par exemple à l'adopté un droit de succession sur les biens de l'adoptant, si la loi pérégrine consacrait un pareil droit, comme c'était le cas à Patræ [7]. — De même pour la *tutelle des impubères*, il résulte implicitement d'un passage de Gaïus qu'on reconnaissait à Rome la validité d'une *datio tutelæ* testamentaire faite par un pérégrin pour ses en-

---

(1) En général les auteurs appliquent cette expression, même au mariage entre pérégrins de même cité ; mais dans ce cas, l'expression (qui du reste n'est pas romaine) n'est plus exacte : il s'agit en effet d'un mariage de droit *civil* pérégrin, comme on l'a dit plus haut. L'expression « mariage du droit des gens » ne convient qu'aux mariages *mixtes,* aux mariages *sine connubio*.

(2) De Boeck, *op. cit.*, p. 142-143.

(3) Gaïus, I, 56, 57, 66 et suiv. ; — Ulpien, *Reg.*, X, 3 ; — etc.

(4) Gaïus, I, 77.

(5) Arg. Gaïus, I, 55, *suprà cit.* — « Le nier, dit M. de Boeck (*ibid.*), serait restreindre singulièrement la portée du texte de Gaïus, qui n'a pas, sans doute, parlé pour ne rien dire. »

(6) Cf. de Boeck, *op. cit.*, p. 143.

(7) Cicéron, *Epist. ad famil.*, XIII, 19 : « Quæ ne singula enumerem, totam tibi domum commendo, in his adolescentem filium ejus, quem C. Mœnius, Gemellus, cliens meus, quum in calamitate exsilii sui Patrensis civis factus esset, Patrensium legibus adoptavit, ut ejus ipsius *hereditatis* jus causamque tueare. »

fants impubères, pourvu que ce pérégrin appartînt à une cité où cette *datio* fût permise, ce qui était d'ailleurs le cas ordinaire [1]. — Dans toutes ces hypothèses, où se trouvaient en jeu des droits de famille, qui étaient en dehors de la sphère du *jus gentium*, le préteur pérégrin était, on le voit, obligé de recourir à la loi *pérégrine*.

VI

13. Pour les droits relatifs au patrimoine, on va retrouver diverses applications de la même règle, qu'il importe d'autant plus de remarquer, qu'ici la *lex loci* devait prendre par la suite une prépondérance plus complète. — Il est probable d'abord que l'*unum dominium* particulier au droit civil des pérégrins était reconnu à leur profit par le préteur pérégrin [2], au moins sur les meubles; car pour les immeubles, il existe une controverse fort ardue, dans laquelle nous croyons inutile d'entrer [3]. — Il est probable aussi que les *hypothèques*, usitées en Grèce, mais inconnues à Rome, étaient sanctionnées par le préteur; car Cicéron nous apprend que les citoyens romains se faisaient consentir des hypothèques par les pérégrins [4]. — Sur ces points toutefois le témoignage des textes n'est pas explicite, et l'on est forcé de se contenter d'inductions, qui, pour être vraisemblables, ne sont pas absolument certaines. Mais voici quelque chose de beaucoup plus précis.

On sait que, comme l'hypothèque, les *syngraphæ* et les *chirographa* appartenaient au *jus proprium* des pérégrins [5]. Entre deux citoyens romains par conséquent, ce « genre d'obligation » ne produisait (au moins en droit classique) aucun effet. Mais entre pérégrins, et qui plus est, entre pérégrins et citoyens, les *syngraphæ* et *chirographa* étaient au contraire parfaitement valables, au regard du droit romain lui-même. Aussi ces actes, et particulièrement les *syngraphæ*, étaient-ils fréquents, et souvent rédigés à Rome même. Cicéron nous rapporte, dans ses divers ouvrages, de nombreux exemples d'emprunts faits par les pérégrins à des *cives romani*, sous forme de *syngraphæ*, et jamais il n'émet le moindre doute sur leur validité [6]. Or cette validité suppose

----

(1) Arg. Gaïus, I, 189 : « Nec ferè ulla civitas est, in quà non licet parentibus, liberis suis impuberibus testamento, tutorem dare. » — En ce sens : Humbert, *op. cit.*, p. 19 ; — de Boeck, *op. cit.*, p. 143-144.

(2) Arg. Gaïus, II, 40, *suprà cit.*

(3) Cf. *suprà* nᵒ 5, note sous le mot *acquérir*.

(4) Cicéron, *Ep. ad famil.*, XIII, 56, signale des hypothèques consenties par Philoclès d'Alabanda au profit de M. Cluvius, citoyen romain. — Autre exemple dans Cicéron, *Pro Flacco*, 21.

(5) Gaïus, III, 134 : « Quod genus obligationis proprium peregrinorum est. »

(6) Des *syngraphæ* furent notamment passées à *Rome* : en 696, entre

forcément l'application par le préteur de la loi *personnelle* du *débiteur* [1].

La même loi était encore prise en considération dans la question de savoir si le *serment* prêté par un pérégrin engendrait à sa charge une obligation. A Rome, le *jusjurandum* obligeait le *libertus* envers son patron ; mais c'était là, dit Gaïus [2], le seul cas admis « par le droit des Romains ». Il en était autrement dans les cités pérégrines ; et le même auteur déclare que pour connaître « quel était à cet égard le droit des pérégrins, il faudrait consulter les lois de chaque cité » [3]. Ou cela ne veut rien dire, ou cela signifie que pour Gaïus, les effets du serment prêté par un pérégrin [soit à un autre pérégrin, soit à un citoyen romain, peu importe] dépendent de sa loi personnelle. C'est cette loi, par conséquent, qui, à Rome, devra lui être appliquée.

14. En matière de *fidepromissio*, la même solution résulte d'un texte de Gaïus, qui sur ce point s'exprime avec une netteté et une précision qui ne laissent rien à désirer. Il faut supposer qu'un pérégrin s'est porté *fidepromissor* : cela était possible ; car la *fidepromissio* se faisait par une stipulation où ne figurait pas le verbe *spondeo*, et par suite, au point de vue des formes, elle rentrait dans le *jus gentium*. Seulement au point de vue des effets, elle restait comprise dans le *jus civile*. Or d'après le *jus civile* romain, l'engagement du *fidepromissor* était comme celui du *sponsor*, un engagement purement personnel, qui ne passait pas à ses héritiers. Cette règle s'imposait, quand le *fidepromissor* était citoyen romain : mais s'il était pérégrin, elle ne s'imposait plus. L'on devait alors consulter la loi *pérégrine ;* et si elle en disposait ainsi, déclarer les

---

P. Clodius et l'ambassadeur galate Brogitarus [Cicéron, *De harusp. resp.*, 13 et 16] ; — en 698, entre Rabirius Postumus, chevalier romain, et Ptolémée Aulète [*Pro Rabirio*, III, 6] ; — vers 698, entre le fameux usurier Scaptius et la ville de Salamine [*Ad Atticum*, V, 21 ; VI, 1, 2, 3] ; — etc... Pour plus de détails sur la question des *syngraphæ*, cf. Voigt, *op. cit.*, t. IV. p. 326-332 ; — et de Boeck, *op. cit.*, p. 138-139.

(1) D'après M. Duguit, *op cit.*, p. 10, la preuve d'une obligation née entre un citoyen romain et un pérégrin, ne pouvait pas être établie par *syngraphæ* ou *chirographa*, mais uniquemant par un mode du droit des gens, le « *jus gentium* étant *seul* applicable dans les rapports des pérégrins et des citoyens ». On reconnaît dans ces derniers mots la théorie de M. Laurent, acceptée en partie par M. Duguit, qui prétend que sa solution « ressort ouvertement du texte de Gaïus, III, 134. » Il suffit de lire ce texte pour voir qu'il n'en est rien. De plus, la solution de M. Duguit est évidemment en contradiction avec les passages précités de Cicéron.

(2) Gaïus, III, 96 : « Sane ex alia nulla causa, jurejurando homines obligantur, utique cum quæritur de jure Romanorum. »

(3) *Ibid.* : « Nam apud peregrinos quid juris sit, singularum civitatium jura requirentes aliud intellegere poterimus [.....]. »

héritiers tenus de l'obligation contractée par leur auteur. Voici eu effet
ce que dit Gaïus : « L'héritier du *sponsor* et du *fidepromissor* n'est pas
tenu, à moins qu'il ne s'agisse d'un *fidepromissor* pérégrin, et que sa
cité ne suive un autre droit [1]. » — Ainsi donc, en cas de poursuite
dirigée par le créancier contre les héritiers d'un *fidepromissor* pérégrin,
le magistrat devra lui délivrer une action, si le droit de la *civitas* du
fidepromissor admet la transmissibilité de sa dette. En d'autres termes,
il appliquera aux héritiers la loi *personnelle* de leur auteur, bien qu'elle
soit contraire à la loi locale, c'est-à-dire au droit romain.

Le croirait-on ? Le texte de Gaïus, qui est au fond si simple, a paru
difficile à certains auteurs, qui en ont donné des explications plus ou
moins admissibles. — D'après M. Walter, la décision rapportée par
Gaïus ne devait s'appliquer qu'aux pérégrins résidant dans les provinces [2]. C'est restreindre arbitrairement un texte aussi général que
possible. — M. Humbert pense que la solution donnée « tient peut-être
à ce que la loi *Furia* ne s'appliquait qu'en Italie et aux citoyens romains,
comme dérogeant au *jus gentium* » [3] ; cela revient à dire que la transmissibilité de la dette du *fidepromissor* serait une règle du *jus gentium*,
et son intransmissibilité une règle du *jus civile* romain. Mais d'abord il
n'est dit nulle part que l'intransmissibilité de la dette du *fidepromissor*
se rattachât, à Rome, à la loi *Furia*. De plus, d'après M. Voigt, dont l'o-
pinion est ici l'inverse de celle de M. Humbert, cette intransmissibilité
se rattacherait au contraire au *jus gentium*, auquel on dérogeait par conséquent en donnant une action contre les héritiers d'un *fidepromissor*
pérégrin [4]. — Cette dérogation, d'après M. Voigt, est suffisamment moti-
vée par l'intérêt du créancier. C'est aussi l'opinion de M. de Boeck, qui
déclare toutefois « qu'il est difficile de donner une explication pleinement satisfaisante de la solution rapportée par Gaïus »[5] . — Nous
trouvons, pour notre part, pleinement satisfaisante l'explication que
nous avons donnée; et nous ne pouvons que souscrire aux observations
judicieuses que le texte de Gaïus a suggérées à M. Accarias : « Ce texte,
disait M. Accarias en 1880, figure parmi les textes très décisifs qui
montrent qu'il y avait intérêt pour les pérégrins à faire partie d'une
certa civitas. Ceux qui n'appartenaient à aucune cité ne pouvaient sé

---

(1) Gaïus, III, 120 : « Prætereà sponsoris et fidepromissoris heres non tene-
tur, nisi si de peregrino fidepromissore quæramus, *et alio jure civitas ejus
utatur*. » — Gaïus ne mentionne pas le *sponsor* dans la fin de sa phrase,
parce qu'un pérégrin ne pouvait être *sponsor*, la forme *Spondesne ? Spondeo*
lui étant interdite.

(2) Walter, *Geschichte des Rom. Rechts*, 3ᵉ éd., t. I, n° 115.

(3) Humbert, *op. cit.*, p. 16.

(4) Voigt, *op. cit.*, t. IV, p. 322.

(5) De Boeck, *op. cit.*, p. 157-158.

voir appliquer que les règles du droit des gens ; ils n'avaient pas d'autre droit. Pour les premiers, au contraire, les lacunes qui résultaient de ce que tout le droit romain ne leur était pas applicable, étaient comblées par le droit de leur cité [1]. »

15. Ces observations pourraient être répétées sans modification aucune, à propos d'un texte d'Ulpien relatif au *testament*. Dans ce texte, souvent cité, Ulpien nous apprend que le pérégrin déditice ne pouvait faire aucun testament ; en effet, dit Ulpien, « il ne peut pas tester comme citoyen romain, étant pérégrin, ni comme pérégrin, n'étant citoyen d'aucune cité déterminée, selon les lois de laquelle il puisse tester » [2]. « Cela implique évidemment, conclut Savigny, que si ce pérégrin était citoyen d'une ville de province qui reconnût le droit de tester et eût des règles sur l'exercice de ce droit, il pourrait faire, conformément à ces règles, un testament valable à Rome comme dans sa patrie [3]. » — C'est donc encore ici la loi *personnelle* du pérégrin qu'il faudra consulter pour savoir quelles sont les conditions de validité du testament, quant à la forme, et notamment pour savoir : 1° au profit de qui le pérégrin peut tester ; — 2° quelles formalités sont exigées à peine de nullité.

Sur le premier point, quelques auteurs semblent vouloir restreindre aux seuls « compatriotes » du pérégrin le bénéfice de la *factio testamenti* passive [4] ; mais il y a là, à notre avis, une erreur. Tout dépendra de la question de savoir à qui la loi pérégrine accorde cette *factio testamenti*. Si elle ne l'accorde qu'aux seuls membres de la cité, comme le fait le droit romain lui-même, l'institution d'un *civis romanus* ou d'un pérégrin d'une autre cité sera nulle. Si elle l'accorde au contraire aux citoyens romains ou aux pérégrins d'autres cités, la même institution sera valable [5]. En décidant ainsi, nous appliquons à la lettre, et dans son sens

---

(1) Accarias, *Cours de pandectes prof. en 1879-1880 à la Faculté de droit de Paris*, 18° leçon.

(2) Ulpien, *Reg.*, XX, 14-15 : « ... item is qui deditiorum numero, est, testamentum facere non potest... quoniam nec quasi civis romanus testari potest, cum sit peregrinus, nec quasi peregrinus, quoniam nullius certæ civitatis civis [est], ut [secun]dum leges civitatis suæ testetur. »

(3) De Savigny, *ibid.*, p. 83-84.

(4) Cf. de Boeck, *op. cit.*, p. 150 : « Le pérégrin qui appartient à une cité, teste valablement suivant son droit local, pourvu, *cela nous paraît aller de soi*, qu'il teste en faveur d'un membre de la même cité » ; — Duguit, *op. cit.*, p. 10.

(5) Dans une de ses lettres à Trajan, Pline le Jeune (*Epist.*, X, 77) nous apprend qu'un certain « Julius Largus *ex Ponto* » vient de l'instituer héritier. Si nous étions assurés que cet habitant du Pont fût pérégrin, le fait serait décisif ; car Pline dans sa lettre et Trajan dans sa réponse ne mettent pas en doute la validité du testament.

naturel, le texte d'Ulpien, qui se réfère sans distinction à la *lex civitatis* du pérégrin [1].

Sur le second point, nous trouvons une application très intéressante du principe posé par Ulpien, dans un rescrit de l'an 290, adressé par Dioclétien à une femme nommée Patroclia. L'empereur, consulté sur la question de savoir si le testament d'un pérégrin est valable, quand il a été fait en dehors de la présence des témoins, présence absolument exigée par le droit romain, répond à Patroclia : « Le testament est nul, à moins que la loi particulière de ta cité n'en dispose autrement [2]. » Il est plus que probable qu'en l'espèce Patroclia, qui doit être l'héritière instituée, était de la même cité que le testateur ; c'est donc encore la loi personnelle du *de cujus* qu'on appliquait ici.

Quant aux *successions ab intestat*, la plupart des auteurs admettent sans difficulté que les pérégrins pouvaient transmettre et succéder, même à Rome, selon les lois de leurs cités [3]. On ne peut invoquer à cet égard, il est vrai, aucun texte formel ; mais il est naturel « de conclure de la succession testamentaire à la succession *ab intestat* ». C'est la loi du *de cujus* qu'il faudra consulter. « Or cette loi, dit M. de Boeck [4], n'admettra en général à succéder que les concitoyens du défunt ; cependant il pourra se faire qu'elle admette aussi le citoyen romain : c'est ainsi que nous voyons L. Manlius Sosis, *civis romanus*, hériter d'un pro-

---

(1) Il nous est impossible d'admettre le système que M. Duguit (*op. cit.*, p. 10), appliquant en l'espèce les idées de M. Laurent, développe en ces termes : « Supposons qu'un pérégrin fasse un testament au profit d'un citoyen romain, ou, à l'inverse, qu'un citoyen romain fasse un testament au profit d'un pérégrin, y aura-t-il à résoudre un conflit de législations ? Non ; on réglera la disposition testamentaire par une seule loi, le *jus gentium* ; et elle devra être dans la forme fédéicommissaire. Gaïus (II, 285) nous le dit pour les dispositions faites par un citoyen romain au profit d'un pérégrin ; il est permis de *présumer* qu'il en était de même à l'égard d'une disposition faite par un pérégrin au profit d'un citoyen. » — Cette présomption est, à notre avis, tout à fait téméraire en présence du texte d'Ulpien. Si l'institution d'un pérégrin par un citoyen romain est nulle, c'est parce que le droit romain, c'est-à-dire le droit *personnel* du testateur, n'admet pas qu'il ait la *factio testamenti* avec un pérégrin ; mais une loi pérégrine pouvait admettre une solution contraire. Dans l'un et l'autre cas, le conflit sera tranché, non par le *jus gentium*, hors la sphère duquel on se trouve, mais par le *jus civile* du testateur.

(2) Code Just., VI, 23, loi 9 : « Si non speciali privilegio patriæ tuæ juris observatio relaxata est, et testes non in conspectu testatoris testimoniorum officio functi sunt, nullo jure testamentum valet. » — Cf. sur ce texte : de Savigny, *ibid.*, p. 356 ; — Duguit, *op. cit.*, p. 15-16.

(3) Cf. Voigt, *op. cit.*, t. IV, p. 324, note 12 ; — Humbert, *op. cit.*, p. 24 ; — Frénoy, *op. cit.*, p. 46 ; — de Boeck, *op. cit.*, p. 152-153.

(4) De Boeck, *ibid.*, p. 153.

vincial, son frère, de Catinum, en Sicile [1]. » La loi du défunt pourra admettre encore des pérégrins d'autres cités ; tout cela dépend d'elle.

Tels sont les principaux textes que nous voulions passer en revue. Ils nous montrent qu'en bien des cas, les lois pérégrines étaient appliquées à Rome [2].

16. Il nous reste, avant d'aller plus loin, à indiquer ce qu'il faut entendre par ces expressions que nous avons employées jusqu'ici sans les définir : loi de la cité d'un pérégrin, loi personnelle d'un pérégrin. — On pouvait, à l'époque que nous étudions, se trouver rattaché à une cité déterminée par deux liens différents : l'*origo* et le *domicilium* ; dans le premier cas, on était *civis* ou *municeps*, dans le second cas, *incola* [3]. Du temps de Cicéron, l'on ne pouvait être *municeps* dans deux cités à la fois, aux yeux du droit romain [4] ; mais l'on pouvait être *municeps* dans une cité et *incola* dans une autre [5]. Dans ce dernier cas, il est loisible au pérégrin de se réclamer de deux lois différentes, celle de la cité dont il est *civis* (*patria*), et celle de la cité où il habite ; laquelle appliquera-t-on, dans les hypothèses où le droit romain admet l'application de la loi pérégrine ? A cette question, Savigny répond d'une façon très affirmative : « Je tiens pour incontestable que quand une personne avait le droit de cité et un domicile dans des villes différentes, le droit local qui devait la régir était déterminé par le droit de cité et non par le domicile [6]. » Divers textes, en effet, parmi lesquels le rescrit de Dioclétien cité plus haut, prouvent qu'on ne prenait en considération à Rome que le *jus civitatis*, le *jus patriæ* [7].

Mais l'application de ce principe soulève quelques difficultés : 1° au IIIᵉ siècle, un pérégrin pouvait appartenir à plusieurs cités différentes [8] :

----

(1) Cicéron, *Epist. ad famil.*, XIII, 30 ; « L. Manlius est Sosis ; is fuit Catinensis, sed est una cum reliquis Neapolitanis civis romanus factus decurioque Neapoli ; erat enim ascriptus in id municipium ante civitatem sociis et Latinis datam. Ejus frater Catinæ nuper mortuus est. Nullam omnino arbitramur de ea hereditate controversiam eum habiturum, et est hodiè in bonis. »

(2) C'est dans ces cas peut-être qu'on donnait aux parties ce *judex peregrinus* dont parle Gaïus, IV, 105 : « Imperio vero continentur recuperatoria (judicia) et quæ sub uno judice accipiuntur interveniente peregrini personâ *judicis* aut litigatoris. »

(3) Cf. Houdoy, *De la cond. et de l'adm. des villes chez les Romains*, Paris, Durand, 1875, in-8, p. 154 à 166.

(4) Cicéron, *Pro Balbo*, XI, 28 : « Duarum civitatum civis esse nostro jure civili nemo potest. »

(5) Cf. Ulpien, au Dig., L, 4, loi 3, § 1 ; — Cod. Just., X, 38, loi 1 ; — etc.

(6) De Savigny, *op. cit.*, p. 89. — Même théorie dans Weiss, *ibid.*, p. 264.

(7) Cf. Gaïus, III, 120 : « ... et alio jure *civitas ejus* utatur » ; — Ulpien, *Reg.*, XX, 15 : « ... ut [secun]dum leges *civitatis suæ* testetur » ; — Dioclétien, au Cod. Just., VI, 23, loi 9 : « .... privilegio *patriæ tuæ*. .. »

(8) Cela se présentait notamment en cas de *manumissio* ; cf. Ulpien, au

« En pareil cas, continue Savigny, on donnait sans doute la prééminence au droit de cité le plus ancien, à celui résultant de la naissance; car il n'y avait aucun motif de changer l'état personnel du droit »⁴; — 2° la *patria* d'un pérégrin pouvait être inconnue; mais ce pérégrin pouvait avoir un domicile dans une cité déterminée : d'après Savigny, la *lex domicilii* était alors applicable ²; mais, à notre avis, cette solution est très douteuse, car les textes parlent toujours de la *civitas*, de la *certa civitas*, de la *patria* du pérégrin. Aussi serions-nous porté à croire qu'il était traité alors comme un pérégrin *sine certá civitate*, qui ne pouvait invoquer, comme on l'a dit, aucun droit national.

<h2 style="text-align:center">VII</h2>

17. Au point où nous sommes parvenu, nous croyons avoir démontré, contrairement à l'opinion de M. Laurent, que dans nombre de cas, les jurisconsultes romains admettaient l'application de la loi personnelle des pérégrins, et que c'est à tort qu'ils sont accusés par lui d'avoir méconnu la *personnalité* du droit, et d'avoir par suite complètement ignoré le droit international privé ². — Mais il faut maintenant les défendre contre une autre accusation, celle d'avoir méconnu, au contraire, la souveraineté *territoriale* du droit considéré par eux comme purement personnel. Cette accusation, insinuée plutôt que formulée par Savigny, a été accentuée depuis, et a donné naissance à une théorie nouvelle, dont les partisans arrivent, par des moyens inverses, à la même conclusion que M. Laurent.

« Il faut se garder de croire, dit en effet M. Weiss, que les Romains aient eu une vue nette et raisonnée du problème que le droit international privé doit résoudre. Un des aspects de ce problème paraît leur avoir presque totalement échappé. Notre science a pour objet de concilier la souveraineté personnelle et la souveraineté territoriale de la

---

Dig., L, 1, loi 27 : « .... et si patronum habet duarum civitatium municipem, per manumissionem earumdem civitatium erit municeps »; — loi 7 : « Si quis à pluribus manumissus sit, omnium patronorum originem sequitur »; — etc.

(1) De Savigny, *ibid.*, p. 90. — Mais que dire quand il y a acquisition *simultanée* de plusieurs *patriæ*, comme dans les deux cas d'affranchissement visés à la note précédente !

(2) De Savigny, *ibid.*

(3) MM. Accarias et de Boeck arrivent à peu près à la même conclusion. — « En temps de paix, dit M. Accarias (*Précis de droit romain*, n° 49), les Romains respectent la personne et la propriété du *peregrinus*, et lui font l'application tant des règles du *jus gentium* que du droit spécial de sa propre cité. » — M. de Boeck (*op. cit.*, n° 57) développe la même idée en ces termes : « Le *jus provinciale* et le *jus civile* des *liberæ civitates* ne seront pris en con-

loi, en limitant l'uné par l'autre les droits de chacune. Or les Romains n'ont pas connu la souveraineté territoriale de la loi ; ils ne conçoivent pas qu'une personne puisse être régie par une autre loi que celle de sa *civitas*; ce n'est qu'avec répugnance qu'on en était arrivé très tard à rendre applicables aux étrangers à Rome certaines lois répressives. » Et M. Weiss conclut : « En laissant le pérégrin libre d'invoquer les coutumes particulières de sa cité, les Romains ne résolvaient pas un véritable conflit de législations ;..... et il est impossible de trouver dans les institutions romaines un système de droit international privé '. » Puis M. Weiss, empruntant à Savigny une comparaison trop souvent répétée, ajoute en note : « Il existe donc une grande analogie entre le système romain et celui de la personnalité des lois barbares *. »

Mais est-il vrai de dire qu'à Rome on n'ait jamais appliqué aux pérégrins les lois romaines [en dehors, bien entendu, du *jus gentium*] ? On sait qu'aujourd'hui les partisans les plus déterminés de la personnalité du droit, c'est-à-dire les jurisconsultes italiens de l'école de Mancini,

sidération par le préteur pérégrin que subsidiairement au *jus gentium* : c'est le *jus gentium* qui règle en principe les rapports des pérégrins entre eux, aussi bien que leurs rapports avec les Romains. Mais dans les matières qui ne sont pas du domaine du *jus gentium*, comme le testament, l'adoption, les successions *ab intestat*, le droit provincial et le droit civil des *liberæ civitates* seront appliqués entre pérégrins. Il y a plus ; même dans les rapports des *cives romani* avec les *peregrini*, il y a parfois à tenir compte du *jus provinciale* et du *jus civile* des *liberæ civitates*. »

(1) André Weiss, *op. cit.*, p. 264-265.

(2) *Ibid.*, p. 265, note 2 ; cf. Savigny, *Hist. du droit romain au moyen âge*, *op. cit.*, § 30, note c. — M. Duguit, qui admet la théorie de M. Laurent *inter cives et peregrinos*, suit la même doctrine que M. Weiss quand il s'agit de pérégrins appartenant à la même cité : « Il nous reste à prévoir, dit-il, les hypothèses où le *negotium juris* prenait naissance... entre parties, toutes d'une même cité pérégrine, en dehors de la cité de ces parties. Il est incontestable... que le pérégrin peut faire à Rome ou dans une cité qui n'est pas la sienne un acte juridique, conformément au droit de sa cité... Mais dans ces diverses hypothèses, en appliquant la loi de la *civitas* des parties, les Romains résolvaient-ils un conflit de législations ? Nous ne le croyons pas. Nous avons dit en commençant qu'il n'y avait *conflit* que dans le cas où la souveraineté personnelle d'une loi se trouvait en opposition avec la souveraineté réelle d'une autre loi. Or, dans les idées romaines, l'application d'une loi était uniquement la conséquence de la *civitas* qui appartenait à une personne déterminée... Il est certain de plus que la *civitas* était une prérogative exclusivement personnelle ; par suite, l'application de la loi qui résulte de la *civitas* doit être uniquement personnelle. Il est donc, par suite, impossible de trouver une opposition entre la souveraineté personnelle d'une loi, et la souveraineté réelle d'une autre loi ; et dans les différentes hypothèses prévues, en appliquant la loi personnelle des parties, les Romains ne résolvaient pas un conflit de législations. » (*Op. cit.*, p. 11 et 12).

apportent toujours à leur système une double restriction [1] : l'une résultant de l'admission de la règle : *Locus regit actum*, en vertu de laquelle tout acte fait dans un pays étranger, selon les *formes* usitées dans ce pays, doit être réputé valable dans la patrie de son auteur; l'autre imposée par l'*ordre public absolu*, qui conduit à écarter l'application des lois étrangères sur le territoire d'un État déterminé, lorsque ces lois se trouvent en contradiction avec l'intérêt de cet État ou l'intérêt de la morale publique. Ces deux restrictions sont-elles restées ignorées des Romains, comme le pense M. Weiss [2] ? C'est ce qu'il faut examiner [3].

VIII

18. Nous sommes tout d'abord de l'avis de M. Weiss en ce qui concerne la règle : *Locus regit actum*. Les anciens auteurs au contraire, notamment Bartole, Baldus, et Dumoulin, soutenaient volontiers que cette règle était suivie par le droit romain. Ils invoquaient en ce sens une série de textes, dont la plupart sont absolument étrangers à la question, ce qui nous dispense d'y insister [4]. Les seuls qui méritent de nous arrêter un instant sont : un texte d'Ulpien, dont les rédacteurs du Digeste ont fait une règle générale, et un rescrit de Dioclétien, relatif à l'émancipation.

(1) Cf. André Weiss, *op. cit.*, p. 240 et suiv.

(2) André Weiss, *op. cit.*, p. 262-263 : « L'application de la loi personnelle du pérégrin ne paraît même pas avoir subi, *à l'origine tout au moins*, les restrictions qui dérivent pour elle, dans notre doctrine, de l'ordre public international... D'autre part, les Romains ne paraissent pas avoir jamais connu la règle : *Locus regit actum.* »

(3) Les auteurs modernes admettent encore une troisième restriction tenant à l'*autonomie de la volonté*. Sur ce point, nous n'avons rien trouvé pour le droit romain.

(4) On les trouve signalés ou discutés par : de Savigny, *Traité de droit romain, ibid.*, p. 85, 356 et suiv. ; — Duguit, *op. cit.*, p. 13-15 ; — André Weiss, *op. cit.*, p. 263, texte et note 6. — En voici au surplus l'indication : *Gaïus*, au Dig., XXI, 2, loi 6 ; — *Papinien*, au Dig., XXII, loi 1, pr. ; *Ulpien*, au Dig., *ibid.* loi 37 ; XVII, 1, loi 10-3° ; XXVI, 7, loi 7-10° ; [ces quatre textes se bornent à déclarer que dans les *judicia bonæ fidei*, les intérêts doivent être alloués par le juge selon la coutume du lieu où le *negotium juris* a pris naissance]; — *Paul*, au Dig., XXXIII, 7, loi 18-3° ; *Ulpien*, au Dig., XXVIII, 1, loi 21-1° ; XXX, loi 50-3° ; [ces trois textes disent tout simplement qu'on doit interpréter les clauses obscures d'un testament d'après les habitudes du testateur et subsidiairement d'après la coutume du lieu où a été fait le testament]; — *Rescrits* de 257 et 290, au Code Just., VI, 32, loi 2, et VI, 23, loi 9 ; [ces deux rescrits, dont le dernier, adressé par Dioclétien à Patroclia, nous est connu, font, en réalité, deux applications de la loi *personnelle* des pérégrins en cause].

Voici d'abord le texte d'Ulpien : « Dans les stipulations et les autres contrats, on doit suivre ce qui a été convenu ; si ce qui a été convenu n'apparaît pas clairement, il sera à propos de suivre ce qui est usité dans la région où l'acte a été passé [1]. » On voit qu'il s'agit tout simplement ici d'une question d'interprétation d'un contrat obscur ; il est alors rationnel de s'en référer aux usages locaux, parce qu'il est à présumer que l'intention des parties a été de s'y conformer. Mais il ne s'agit nullement de la forme des actes, ni même d'un conflit quelconque de législations. Ce texte est donc, en fin de compte, étranger à la question, et doit être écarté [2].

Le rescrit de Dioclétien au contraire rentre bien dans la question, et peut souffrir plus de difficulté. Voici l'espèce : Un père a émancipé son fils devant les duumvirs d'une cité à laquelle il est étranger (*alienigena*) ; cette émancipation est-elle valable, les conditions de *fond* requises étant d'ailleurs censées observées? Aujourd'hui, sans hésitation et sans *distinction*, il faudrait déclarer l'émancipation valable, en vertu de la règle : *Locus regit actum*. Telle n'est pas la réponse de Dioclétien, qui s'inquiète uniquement de savoir si les duumvirs avaient, d'après la *lex municipii*, le droit de figurer dans les émancipations faites par des étrangers ; si oui, l'émancipation est valable ; si non, elle ne l'est pas [3]. Le seul fait d'introduire dans l'espèce une *distinction*, prouve, selon nous, que Dioclétien ne s'est nullement attaché, pour résoudre la question qui lui était proposée, au principe de la règle : *Locus regit actum* [4]. — Ainsi donc, nulle part, dans les textes de droit romain, on ne trouve d'application certaine de cette règle ; il est par conséquent plus que probable que les Romains l'ont ignorée [5].

IX

19. Il nous paraît certain au contraire, qu'ils ont eu parfaitement la notion de l'ordre public ; car à diverses reprises, quand l'intérêt de l'État ou l'intérêt de la morale publique se trouvait en jeu, ils n'ont

---

(1) Ulpien, au Dig., L, 17, loi 34 : « Semper in stipulationibus, et in cæteris contractibus, id sequimur quod actum est ; aut si non pareat quid actum est, erit consequens ut id sequamur, quod in regione, in quâ actum est, frequentatur. »

(2) Duguit, *op. cit.*, p. 13 ; — André Weiss, *op. cit.*, p. 263.

(3) Code Just., VIII, 49, loi 1 : « Si lex municipii, in quo te pater emancipavit, potestatem duumviris dedit, ut etiam alienigenæ liberos suos emancipare possint : id quod a patre factum est, suam obtinet firmitatem. »

(4) Cf. de Savigny, *ibid.*, p. 357-358.

(5) En ce sens : de Savigny, *loc. cit.* ; — Duguit, *op. cit.*, p. 16 ; — André Weiss, *op. cit.*, p. 263-264 ; — etc ..

pas hésité à appliquer aux pérégrins certaines de leurs lois civiles, non
seulement les lois pénales proprement dites (ce qui allait de soi), mais
encore diverses lois rentrant dans le droit privé; et cela est d'autant
plus remarquable qu'originairement ces lois avaient été faites *exclusivement* pour les citoyens romains, et qu'il fallut employer parfois certains
artifices de procédure pour les étendre à des personnes non visées par
leur texte. Les Romains n'ont pas hésité non plus à refuser l'application
aux pérégrins de certaines règles du *jus gentium*, quand le même intérêt les y poussait. Voici quelques faits qui justifient cette double as-
sertion.

En l'an 56r de la fondation de Rome, on étendit aux pérégrins les
lois qui réprimaient l'usure, et qui jusque-là ne frappaient que les
citoyens romains. Cette extension, inutile à l'origine, était devenue
nécessaire par suite de l'affluence croissante des étrangers à Rome [1],
affluence qui avait permis aux usuriers romains d'éluder très facilement
les lois sur l'usure, en se servant de pérégrins comme de prête-noms [2].
Tite-Live, qui nous renseigne sur cette fraude, nous apprend en même
temps comment elle fut déjouée par le vote du plébiscite Sempronien,
qui déclarait les pérégrins soumis, en matière d'usure, *au même droit
que les Romains* [3]. Il y avait là en effet pour Rome un intérêt public de
premier ordre, qui explique facilement qu'elle ait renoncé dans l'espèce
à l'application de la loi personnelle des pérégrins [4]. Cinq siècles plus
tard, Papinien se fait encore l'écho de la même préoccupation, en décidant que le juge d'une action de bonne foi doit arbitrer les intérêts
d'après la coutume du lieu où le contrat litigieux a été passé, mais à
condition cependant que cette coutume ne soit pas contraire à la loi :
ita tamen ut legi non offendat. Ces derniers mots peuvent être considérés comme une déclaration de principe [5].

(r) Cette affluence se produisit précisément au vi° siècle ; cf. Pomponius, au
Dig., I, 2, loi 2, § 28 : « ... quod multa turba peregrinorum in civitatem veniret... » ; — Voigt, *op. cit.*, t. II, p. 593-595, avec les notes; — de Boeck, *op.
cit.*, p. 172-173.

(2) Tite-Live, XXXV, 7 : « ... via fraudis inita erat, ut in socios, qui non
tenerentur iis legibus, nomina transcriberent : ita libero fenore obruebant
debitores. »

(3) *Ibid.* : « M. Sempronius tribunus plebis ex auctoritate patrum plebem
rogavit, plebesque scivit, ut cum sociis et nomine latino pecuniæ creditæ
jus idem quod cum civibus romanis esset. »

(4) Cf. sur ce point : Berthelot et Didier, *Hist. intérieure de Rome* (d'après
Lange), Paris, Leroux, in-8°, tome I (r885), p. 468-469 : « ... C'était témoi-
gner un singulier mépris pour l'autonomie des alliés latins ; on les jugeait
indignes du droit de cité, et dans tous les cas où cela semblait utile aux citoyens romains, on les mettait sur le même pied. »

(5) Papinien, au Dig., XXII, 1, loi r, pr. : « Cum judicio bonæ fidei discep-

— Un fait analogue se produisit en l'an 611. Une *lex Didia de sumptu* étendit aux pérégrins les prescriptions de la *lex Fannia cibaria* votée en 593 pour les seuls citoyens. Cette loi avait pour but de réprimer le luxe excessif de la table. Là encore, l'intérêt de la morale publique était évidemment en jeu [1]. — Un peu plus tard, sous le règne d'Auguste, la *lex Ælia Sentia* vint apporter, pour des motifs divers, de graves restrictions à la liberté d'affranchir. La loi prohibait notamment, sous prétexte de bonne foi et d'honnêteté, les affranchissements d'esclaves faits par les débiteurs en fraude des droits de leurs créanciers. Cette dernière disposition, d'abord applicable aux seuls citoyens romains, fut étendue ensuite aux pérégrins, en vertu d'un sénatus-consulte inspiré par Hadrien [2].

Toujours dans le même ordre d'idées, on peut signaler l'application aux pérégrins, à une époque inconnue, mais antérieure à Gaïus, des lois relatives au *furtum* et de la *lex Aquilia* sur le délit d'injures. Le *furtum* et le délit d'injures étaient à Rome, on le sait, de simples délits *privés* ; et les lois qui les réprimaient ne pouvaient être regardées comme des lois pénales proprement dites ; aussi faisaient-elles partie du *jus civile* romain. La conséquence logique était : d'une part, l'impossibilité pour le pérégrin victime d'un vol ou d'un délit d'injures de poursuivre le coupable ; d'autre part, l'impunité, ou du moins une impunité relative pour le pérégrin auteur d'un *furtum* ou d'un *damnum. injuriæ*. Mais la logique, en pareil cas, ne pouvait prévaloir contre les exigences de l'ordre public. Aussi « parut-il juste, dit Gaïus, d'étendre aux pérégrins les actions organisées par nos lois » [3] ; et il n'y eut pas besoin pour en arriver là, de faire des lois nouvelles. La jurisprudence se chargea de ce soin elle-même, en employant un procédé qui lui était assez habituel, celui de la fiction légale : on se bornait à supposer, pour les besoins de la cause, que le pérégrin, victime ou coupable, était citoyen romain ; dès

tatur, arbitrio judicis usurarum modus, ex more regionis, ubi contractum est, constituitur : ita tamen ut legi non offendat. » — Il résulte de là que des intérêts supérieurs au taux légal romain ne pouvaient être alloués ; mais des intérêts inférieurs pouvaient parfaitement l'être : sur ce dernier point, Ulpien est formel : « Ex cæteris causis secundum morem provinciæ præstabit usuras, aut quincunces, aut trientes, aut si quæ *aliæ leviores* in provincia frequentatur » [Dig., XXVIII, 7, loi 7-10°].

(1) Cf Berthelot et Didier, *ibid.*, p. 564-565, 597.

(2) Gaïus, I, 47 : « In summâ sciendum est, [cum] lege Ælia Sentia cautum sit, [ut] creditorum fraudandorum causâ manumissi liberi non fiant, [hoc etiam] ad peregrinos pertinere (senatus ita censuit ex auctoritate Hadriani) ; cetero vero jura ejus legis ad peregrinos non pertinere. »

(3) Gaïus, IV, 37 : « ... si modo justum sit eam actionem etiam ad peregrinum etendi ». — Gaïus énonce ce principe d'une façon générale ; il pouvait donc recevoir d'autres applications que celles qu'on examine ici.

lors, les actions *furti* et *legis Aquiliæ* lui étaient ouvertes ou imposées.

20. Dans tous ces cas, où l'ordre public était intéressé, nous venons de voir les Romains appliquer aux pérégrins une portion du *jus civile* romain. Voici maintenant des hypothèses où, par une sorte de raison d'État, ils refusaient de leur reconnaître le bénéfice du *jus gentium*, et créaient pour eux un véritable droit d'exception.

On a vu plus haut qu'en cas de mariage *sine connubio*, selon la règle du droit des gens, l'enfant devait suivre la condition de sa mère (*supra*, n° 11). Par suite, le fils d'un pérégrin et d'une citoyenne romaine aurait dû naître *citoyen romain*; mais les Romains n'étaient pas très soucieux de laisser s'introduire dans la cité des enfants issus de mariages mixtes; aussi une *lex Minicia*, de date inconnue, est-elle venue écarter ici l'application du *jus gentium*, en décidant que l'enfant naîtrait pérégrin [1]. L'empereur Hadrien, qui sur divers points rétablit le droit des gens [2], ne modifia pas cette disposition de la *lex Minicia* [3]; toutefois, jugeant qu'il n'importait en rien à l'intérêt de l'État romain que le pérégrin fût privé de l'autorité paternelle sur son fils, il admit que dans ce cas l'enfant né pérégrin serait néanmoins *justus filius patris* [4]. — Pour un motif analogue à celui de la *lex Minicia*, le sénatus-consulte Claudien déclarait esclave l'enfant né des relations d'une citoyenne romaine avec l'esclave d'autrui, malgré l'*assentiment* donné par le maître de l'esclave. On sait que dans ce cas la citoyenne restait libre; l'enfant par suite aurait dû naître citoyen. C'est ce que décida plus tard Hadrien, qui sur ce point, dit Gaïus, « *regulam juris gentium restituit* » [5]. Il y avait là en effet une *inelegantia juris*, qui fait dire à Gaïus : « Il faut bien examiner si quelque loi n'a pas changé dans quelque cas la règle du

---

(1) Gaïus, I, 78 : « Quod autem diximus inter civem romanam peregrinumque [.....], nascitur peregrinum esse, lege Minicia cav[etur].... sed hoc maxime casu necessaria lex Minicia ; nam remota ea lege diversam conditionem sequi deb[ebat, quia] ex eis inter quos non est connubium, qui nascitur, jure gentium matris conditioni accedit » ; — Ulpien, *Reg.*, V, 8 : « ...non interveniente connubio, matris conditioni accedunt (liberi), excepto eo, qui ex peregrino et cive romanâ peregrinus nascitur, quoniam lex Minicia ex alterutro peregrino natum deterioris parentis conditionem sequi jubet. »

(2) Cf. Gaïus, I, 80, 81, 84.

(3) Sauf peut-être en ce qui concerne les mariages entre Latins et Romaines (Gaïus, I, 80, *in fine*).

(4) Gaïus, I, 77 : « Hoc tamen tempore ex S. C. quod auctore divo Hadriano factum est, etiamsi non fuerit connubium inter civem romanam et peregrinum, qui nascitur, justus patris filius est. »

(5) Gaïus, I, 84, *in fine* : « Sed posteà divus Hadrianus iniquitate rei et inelegantia juris motus restituit juris gentium regulam, ut cum ipsa mulier libera permaneat, liberum pariat. »

droit des gens [1]. » N'est-ce pas là encore une déclaration de principe ?

De ce principe, on trouve une autre application dans la matière des *fidéicommis*. Les pérégrins, avons-nous dit, pouvaient à l'origine recevoir par fidéicommis ; mais ce droit leur fut retiré par Hadrien, et tout fidéicommis adressé à un pérégrin (non Latin) fut désormais confisqué [2]. L'intérêt fiscal suffirait à la rigueur à expliquer cette mesure restrictive ; mais ne peut-on pas dire qu'il y avait surtout un intérêt politique : celui d'éviter l'enrichissement excessif des pérégrins au détriment des citoyens romains, et, par suite, de diminuer l'influence que la fortune pouvait leur donner ? — Quoi qu'il en soit, on voit que là encore, il a suffi d'une raison d'État pour écarter l'application du *jus gentium*. Tout cela prouve bien que la notion de l'ordre public n'était pas absente du droit romain ; et par suite, que la personnalité de ce droit n'était pas aussi absolue que l'était par exemple celle des lois germaniques.

X

Les conclusions générales qui se dégagent de la présente étude peuvent se résumer de la façon suivante :

1° A Rome, *à l'époque que nous avons déterminée*, il pouvait se présenter des conflits de lois, comme aujourd'hui ;

2° Ces conflits étaient rendus plus rares par l'existence de ce droit « *anational* » qu'on appelle le *jus gentium* ; mais ils n'étaient pas supprimés, et pouvaient se rencontrer entre le *jus civile* d'une cité et le *jus civile* de Rome ou d'une autre cité ;

3° Lorsque ces conflits se présentaient, ils étaient tranchés en principe, comme dans la théorie italienne moderne, par l'application de la loi *personnelle* des parties en cause ;

4° Les Romains n'admettaient point à ce principe d'exceptions tenant à la règle : *Locus regit actum*, qui leur était inconnue ; mais ils admettaient parfaitement certaines exceptions tenant à *l'ordre public*.

Ce système particulier de droit international privé, tel qu'on peut le déduire des textes peu nombreux qui nous sont parvenus, ne formait

---

(1) Gaius, I, 83 : « Animadvertere tamen debemus, ne juris gentium regulam vel lex aliqua vel quod legis vicem optinet, aliquo casu commutaverit. »

(2) Gaïus, II, 285 : « Ut ecce peregrini poterant fideicommissa capere ; et ferè hæc fuit origo fideicommissorum ; sed posteà id prohibitum est ; et nunc ex oratione divi Hadriani S. C. factum est, ut ea fideicommissa fisco vindicarentur. »

pas sans doute à Rome l'objet d'une science déterminée; mais enfin il faut reconnaître que tout rudimentaire qu'il soit resté, il ne ressemble entièrement à aucun des systèmes usités par la suite ou préconisés de nos jours, et qu'il a, par conséquent, une certaine originalité qu'il n'était pas inutile de mettre en lumière.

ANGERS, IMP. BURDIN ET Cⁱᵉ, 4, RUE GARNIER.

DU MÊME AUTEUR

Notice historique sur Châteaumeillant (Cher), Bourges, Pigelet, in-8°, 1878 (extrait des *Mémoires des Antiquaires du Centre*, VII° vol.).

Notes archéologiques sur Châteaumeillant et ses environs, Bourges, Pigelet, in-8°, 1878 à 1887 (extrait des mêmes *Mémoires*, vol. VIII, IX, X, XI, et XV).

Étude sur les controverses entre les Proculéiens et les Sabiniens, Paris, Larose et Forcel, 1881, in-8°. — Mémoire couronné par l'Académie de Législation de Toulouse (prix de l'Académie).

Le Tribunal des Centumvirs, Paris, Larose et Forcel, 1881, in-8°. — Thèse cour. par la Faculté de droit de Paris (médaille d'or).

Les Démembrements de la propriété foncière en France avant et après la Révolution, Paris, Larose et Forcel, 1881, in-8°. — Thèse cour. par la Faculté de droit de Paris (médaille d'or).

Origines, conditions et effets de la Cassation, Paris, Larose et Forcel, 1882, in-8°. — Ouvrage cour. par la Faculté de droit de Paris (1re médaille d'or), et par l'Académie de Législation de Toulouse (prix du Ministre de l'Instruction publique).

Les Bretons en Bas-Berry, Rennes, Catel, 1884, broch. in-8° (extrait des *Mém. de la Soc. Archéol. d'Ille-et-Vilaine*).

Un Monastère breton à Châteauroux (Saint-Gildas-en-Berry), Rennes, Catel, 1885, broch. in-8° (extrait des *Mém. de la Soc. archéol. d'Ille-et-Vilaine*).

Étude sur l'histoire des alleux en France, *avec une carte des pays allodiaux*, Paris, Larose et Forcel, 1888, in-8°. — Cour. par l'Académie des Inscriptions et Belles-Lettres (concours des Antiquités nationales : 1re mention).

Histoire de Sainte-Sévère-en-Berry, *avec cartes, plans et gravures*, Paris, Larose et Forcel, 1889, fort vol. in 8°. — Cour. par l'Académie des Inscriptions et Belles-Lettres (concours des Antiquités nationales : 1re mention).

Étude historique sur le Defensor civitatis, Paris, Larose et Forcel, 1889, in 8° (extrait de la *Nouvelle Revue historique de droit français et étranger*, année 1889).

Les Anciennes Facultés des Droits de Rennes (1735-1792), Rennes, H. Caillière, 1890, in-8°.

ANGERS, IMP. BURDIN ET Cie, RUE GARNIER, 4

www.ingramcontent.com/pod-product-compliance
Ingram Content Group UK Ltd.
Pitfield, Milton Keynes, MK11 3LW, UK
UKHW021646090726
13657UKWH00004B/1794